Ralf Koerrenz

# Reformpädagogik
## Studien zur Erziehungsphilosophie

edition Paideia

Jena 2004

Reihe: Pädagogische Reform (PRe) Nr. 1
herausgegeben von Ralf Koerrenz

ISBN: 3-934601-99-5
Bibliographische Information der Deutschen Bibliothek
Die deutsche Bibliothek verzeichnet diese Publikation in der
Deutschen Nationalbibliographie;
detaillierte bibliographische Daten sind im Internet über
http://dnb.ddb.de
abrufbar.
Edition Paideia
© IKS GmbH Jena 2004

# Inhalt

# „Reform" – Eingangsnotizen

In der Öffentlichkeit ist „Reform" ein Motiv mit verschiedenen Gesichtern. Auf vielen gesellschaftlichen Feldern erscheinen Reformen ebenso unausweichlich wie in der Regel unangenehm. Insbesondere bei der Frage nach der Zukunft der Sicherungssysteme für die soziale Elementarbalance der Gesellschaft (Gesundheitssystem, Soziale Hilfe, Arbeitsbeschaffungsorganisation) hat das Stichwort „Reform" einen faden Beigeschmack. Es klingt im ersten Jahrzehnt des dritten Jahrtausends nach Abbau, Kürzung und einer Verschlechterung der Lebensverhältnisse. Unausweichlich? Vor allem in den praktizierten Weisen?

Auf dem Gebiet des Umgangs mit den natürlichen Ressourcen hat „Reform" einen anderen Klang. Unverzichtbar erscheint vieles, was mit „Reformen" auf den Gebieten von Umwelt- und Naturnutzung zu tun hat. Energiegewinnung und Verbraucherverhalten stehen auf dem Prüfstand möglicher Reformmaßnahmen. Ob die sogenannte „ökologische Steuerreform" überzeugt? Vielleicht? Unangenehm? Gewiß, aber legitimiert nicht das Unverzichtbare sich selbst dann, wenn die konkrete Ausführung zu zweifelnden Rückfragen Anlaß gibt? Andere Felder ließen sich benennen. Fest steht: „Reform" ist in aller Munde – zuweilen unangenehm und doch irgendwie unausweichlich. Steuer-Reform, Arbeitsmarkt-Reform, Gesundheits-Reform usw. Die Themen stehen auf der Tagesordnung und es ist nicht absehbar, wann sie – trotz aller Kurzlebigkeit konkreter politischer Inhalte – als strukturell-formale Perspektiven wieder von dieser verschwinden.

Pädagogische Reform – aus verschiedenen Gründen steht auch die Bestimmung des Bereichs, der in der Öffentlichkeit mit „Pädagogik" assoziiert wird, unter dem Vorzeichen des Reform-Motivs. In diesen Debatten treffen zumindest immer zwei Dimensionen aufeinander: das unausweichlich Notwendige und die Vision des Möglichen. Der Veränderungsdruck, dem das Erziehungssystem ausgesetzt ist, erweist sich als eine permanente Triebfeder, über das Angemessene nachzudenken. Dieses Angemessene aber hat ein Doppelgesicht, ist es doch zugleich dem scheinbar unausweichlich Notwendigen der Anpassung und der Vision des Wünschbaren, des Möglichen und zuweilen Kontra-Faktischen, ausgesetzt.

Pädagogische Reform – Reformpädagogik. Die Bedeutung des Reform-Motivs für die Pädagogik ist nicht identisch mit den bisherigen Verwendungsweisen der Kennzeichnung „Reformpädagogik". Das Reform-Motiv umfaßt mehr als die gängige Auffassung von „Reformpädagogik" und ordnet das letztgenannte Stichwort einem größeren Horizont unter. In diesem Horizont lassen sich „Reform" und „Pädagogik" neu verbinden. „Reformpädagogik" verweist in diesem neuen Sinne nicht nur und nicht zuerst auf „Geschichte". „Reformpädagogik" verweist in einer systematischen Auffassung immer auch auf Gegenwart und Zukunft. Und: „Reformpädagogik" war von der Sache her nie (nur) Geschichte im Sinne von eingegrenzten Jahrzehnten, gar mit deutschsprachigen Sonderwegen. Die leitende These der vorliegenden Studien lautet daher:

*Vom „Reform"-Motiv aus betrachtet, bezeichnet „Reformpädagogik" keinen historischen Sachverhalt, sondern eine systematische Dimension der Auseinandersetzung mit Erziehung und Bildung.*

Vom „Reform"-Motiv aus betrachtet, wird „Reformpädagogik" als eine Perspektive der Erziehungsphilosophie erkennbar
• in der Spannung zwischen Utopie und Einpassung sowie zwischen Ideal und Empirie in den Systembezügen dieser Auseinandersetzung mit Erziehung und Bildung (vgl. Studie 2),
• zwischen Individuum und Gesellschaft sowie zwischen Person und Struktur in der Binnenstruktur dieser Dimension (vgl. Studie 3).

Die damit verbundenen Fragestellungen gehören nicht in den Bereich der Historischen, sondern in den der Systematischen Erziehungswissenschaft. Den nachfolgenden Studien liegen Überlegungen zugrunde, die teilweise bereits früher im Rahmen von Aufsätzen publiziert wurden. Mehrfach bin ich darauf hingewiesen worden, daß eine Zusammenstellung und weitere Ausarbeitung der Überlegungen den Ansatz beim „Reform"-Motiv deutlicher machen würde, als dies in den Artikeln der Fall sein konnte. Diese Anregung aufnehmend werden hier drei Studien vorgelegt, die die leitende These verdeutlichen sollen. Der Dank gilt meinen Mitarbeitern Berit Hilpert und Karsten Kenklies für die korrigierende Begleitung auch dieser Manuskripte sowie Holger Kirschner von der „edition paideia" für die Aufnahme des Bandes bzw. der gesamten Reihe in das Verlagsprogramm.

Denn die Zusammenstellung dieser Studien eröffnet zugleich die Reihe „Pädagogische Reform", in der in einem zeitlich entgrenzten Verständnis von „Reformpädagogik" neben Detailuntersuchungen zur Bedeutung von Reform-Aspekten bei Personen und in Themenfeldern jene Spannung zwischen Anpassung und Utopie auch auf die Gegenwart hin thematisiert werden soll. Publikationsanregungen für diese Reihe können an den Herausgeber gerichtet werden. Die Eigenheit dieser Reihe besteht dabei im Umfang der jeweiligen Bände, der sich in einem Spektrum zwischen 50 und 100 Druckseiten bewegen soll. Damit wird einer Publikationsgröße Raum gegeben, die normalerweise für eine Zeitschrift zu umfangreich und für eine eigenständige Buchpublikation zu klein ist. Ohne sich im geringsten an der wissenschaftsgeschichtlichen Bedeutung und der Kontinuität von *Manns Pädagogischer Bibliothek* messen zu können und zu wollen, kann die geplante Art der Publikation doch vielleicht am ehesten mit dieser Reihe verglichen werden.


Jena, im Sommer 2004
Ralf Koerrenz

# 1. Reformpädagogik – Destruktionen

„Reformpädagogik" – was wird darunter verstanden? Blickt man auf Darstellungen zur Geschichte der Pädagogik, so wird damit in vielen Publikationen ein bestimmter Zeitraum, eine „Epoche", bezeichnet. Lange Zeit war es – zumindest in deutscher Perspektive – üblich, diesen Zeitraum zwischen 1890 und 1933 anzusiedeln. Neuerdings wurde der Vorschlag unterbreitet, nicht von einer, sondern von der Abfolge dreier Zeiträume auszugehen (s. u.). Von außen betrachtet, macht dies für das Verständnis von „Reformpädagogik" in gewisser Hinsicht jedoch gar keinen Unterschied. Denn egal ob von einer Epoche oder von der Abfolge verschiedener Zeiträume ausgegangen wird, egal auch ob der Zeitraum mit dem Jahr A oder B beginnt bzw. mit dem Jahr X oder Y endet – das Verständnis von „Reformpädagogik" wird auf einem bestimmten Weg gewonnen und dieser Weg ist gleich. Es wird aus einem bzw. mehreren Zeiträumen ein Bündel an Kriterien entwickelt, das die Grundlage für inhaltliche Bestimmungsaspekte von „Reformpädagogik" darstellen soll. Aus dem geschichtlich Gegebenen ergeben sich dann die Anhaltspunkte, die die jeweilige Epochenkennzeichnung legitimieren sollen. In der ersten Studie geht es darum, die Probleme eines solchen Vorgehens und der daraus resultierenden „historischen" Verwendungsweise darzulegen. Die erste Studie ist in diesem Sinne als Problemanzeige destruktiv. In den beiden folgenden Studien soll hingegen konstruktiv gezeigt werden, wie über eine systematische Bestimmung des „Reform"-Motivs eine Bedeutung von „Reformpädagogik" für das allgemeine Verständnis von Pädagogik erschlossen werden kann.

Der Ausgangspunkt der Überlegungen ist demnach eine Unterscheidung: Die Verknüpfung von „Reform" und „Pädagogik" kann mit einem historischen oder einem systematischen Interesse erfolgen. Bei einer systematisch intendierten Verknüpfung geht es um die Bedeutung, die das „Reform"-Motiv für „Pädagogik", hier verstanden als Sammelbegriff für Theorien und Praxis von Erziehung und Bildung, allgemein hat. In dieser Perspektive rückt die Fragestellung in den Blickpunkt, ob und wie Pädagogik prinzipiell über eine Analyse des „Reform"-Motivs gedeutet werden kann bzw. muß. Warum und wie diese Fragehaltung, die in einer Spannung zur üblichen Verwendung von „Reformpädagogik" steht, entstanden ist, wird in einem ersten Abschnitt erörtert.

Daneben gilt es, die Verwendung von „Reformpädagogik" als Kennzeichnung historischer Zeiträume oder Sachverhalte zu untersuchen. In dieser Perspektive geht es in der Regel um Kennzeichnungen eines Zeitraums, der aufgrund der Dominanz des „Reform"-Motivs mit einer gewissen Plausibilität beanspruchen kann, in besonderem Maße durch den Begriff „Reformpädagogik" gekennzeichnet zu werden. Ob dieser Zeitraum (wie lange Zeit üblich) in der ersten Hälfte des 20. Jahrhunderts oder in einer Phasenabfolge in den letzten drei Jahrhunderten gesehen wird, macht für die Verwendungsweise von „Reformpädagogik" als Kennzeichnung eines historischen Zeitraums unter systematischen Gesichtspunkten keinen prinzipiellen Unterschied. Bei näherem Hinsehen wird in allen Fällen schnell deutlich, daß jede Verwendung von „Reformpädagogik" als Zuschreibung an einen historischen Kontext immer auf systematischen Prämissen beruht. In jedem Fall geht es um das Konstrukt einer historischen Deutungskategorie, die – in den seltensten Fällen offen dargelegt – bestimmte inhaltliche Prämissen mit sich führt. Dies wird in einem zweiten und dritten Schritt der ersten Studie zu zeigen versucht.

## 1.1 „Reform" als systematische Perspektive

Der Gedanke, „Reform" unter dem Aspekt der systematischen Bedeutung für Pädagogik insgesamt zu betrachten, resultiert aus einer ganzen Reihe von Anstößen, in denen die Unzulänglichkeit der Epochenkennzeichnung deutlich wird. Wenn in der Geschichtsschreibung von „Reformpädagogik" die Rede ist, so bezog sich in deutscher Perspektive diese Bezeichnung lange Zeit auf einen mehr oder weniger geschlossenen Kanon von Reformpraktiken und Reformprogrammatiken von Pädagoginnen und Pädagogen, die im ersten Drittel des 20. Jahrhunderts gewirkt haben. Deren Intentionen und Praktiken wurden oftmals verschiedenen „Bewegungen" wie denen der Kunsterziehungsbewegung, der Arbeitsschulbewegung, der Landerziehungsheimbewegung etc. (vgl. Nohl, 1949a; Flitner/Kudritzki 1961; Scheibe 1999, Röhrs 1994a) zugeordnet. Diese „traditionelle" Kanonisierung ist auf unterschiedliche Weise exemplarisch von Jürgen Oelkers (1996) und Dietrich Benner/Herwart Kemper (2001ff.) destruiert worden. Oelkers hat die Entgrenzung mit Verweis auf Vorläufer und Unabschließbarkeit begründet (um in seiner weiteren Darstellung jedoch weitgehend vom traditionellen Personal der kritisierten Epochenkonstruktion auszugehen), Benner und Kemper haben dagegen eine neue Konstruktion von Epochenabfolgen (siehe unten) vorgelegt. Eines ist bei alledem offensichtlich: „Reformpädagogik" als Kennzeichen eines oder mehrerer historischer Zeiträume ist voraussetzungsreich, basiert auf Ein- bzw. Ausschließungen und stellt letzten Endes zwangsläufig eine normative Konstruktion dar. Und: In der „traditionellen" Begriffsverwendung zeigen sich eine ganze Reihe von Problemen und Unterschieden.

Der Ansatz, „Reformpädagogik" nicht mehr historisch über bestimmte Praktiken und Programme (in der Regel zu Beginn des 20. Jahrhunderts), sondern systematisch über die Reflexion des „Reform"-Motivs in der Erziehung und Erziehungswissenschaft zu bestimmen, kann zunächst darauf verweisen, daß das „Reform"-Motiv eine lange Tradition in der Pädagogik aufweist. Dies gilt für die Verwendung begrifflicher (Selbst)Kennzeichnungen und noch viel mehr für das Anliegen, das oftmals hinter pädagogischen Konzeptionen gestanden hat. Für die Zeit seit der Reformation sind das Werk „Consultatio Catholica" von J.A. Comenius und die „Allgemeine Revision des gesammten Unterrichts- und Schulwesens" unter Federführung des Philanthropen Joachim Heinrich Campe nur zwei herausragende Beispiele für Konzeptionen, die in früheren Zeiten ganz von dem Reform-Gedanken bestimmt waren.

Verschärft wird die Problematik der Epochenkonstruktionen durch den Aufweis, daß gerade die Personen, deren Denken und Praxis durch die sogenannte „Reformpädagogik" vermeintlich überwunden wurde, oftmals stark von einer Reform-Orientierung geprägt waren. Einzelne Repräsentanten der vermeintlichen „Gegner" der Reformdebatten um 1900 wie beispielsweise der Herbartianer Wilhelm Rein wurden in den letzten Jahren anhand ihrer Orientierung am Reform-Denken und aufgrund ihrer Verflechtung in zeitgenössische Reform-Praktiken (z.B. Kunsterziehung, Landerziehungsheime) gegen die gängigen Klassifizierungen neu interpretiert (Koerrenz 1993). Wilhelm Rein, Erziehungswissenschaftler an der Universität und Mitglied im durchaus heterogenen Ensemble der Herbartianer, stellte am Ausgang des 19. Jahrhunderts auch explizit konstruktive Betrachtungen zur Frage über das „Ende der Schulreform" (Rein 1893) an – verbunden mit der Forderung, an Reform im Schulwesen festzuhalten und diese weiterzuentwickeln.

Zu den Problemen gehören ferner die Differenzen bei der Bestimmung von Anfang und Ende der „Reformpädagogik". Auf die Problematik des Anfangs, egal ob dieser nun im 18. Jahrhundert festgemacht wird oder mit Blick auf die Reformdebatten um 1900 auf die vorangegangene Popularität von Reformdebatten verwiesen wird, wurde bereits hingewiesen. Nicht weniger problematisch ist die Frage des Endes bzw. der Übergänge – insbesondere wenn auf das Jahr 1933 als vermeintliches Ende einer deutschen Reformpädagogik verwiesen wird. Zu offensichtlich ist bei dem traditionellen Personal der „Reformpädagogik" das Nebeneinander von Brüchen und Kontinuitäten, von erzwungenem bzw. freiwilligem Exil bzw. Widerstand auf der einen und An- bzw. Einpassungen in die Diktatur (aus was für Gründen und mit was für inneren Überzeugungen auch immer) auf der anderen Seite.

Auffallend ist ferner für die Zeit um 1900, daß die Bedeutung von „Reformpädagogik" sowohl im deskriptiven als auch im präskriptiven Sinne offen war. Es ist bezeichnend, daß die Wortschöpfung „Reformpädagogik" zunächst zur Kennzeichnung ganz anderer pädagogischer Strömungen diente. Rudolf Dinkler bezieht beispielsweise die Bezeichnung „Reformpädagogik" in seiner Dissertation über den „Begriff der Naturgemäßheit in den ersten Stadien seiner geschichtlichen Entwicklung" (Dinkler 1897) auf Konzeptionen des 16. und 17. Jahrhunderts. Im Blick sind hier unter anderem die Programme von Johann Fischart, Francois Rabelais, Michel de Montaigne oder J.A. Comenius. Der Beschreibungsgegenstand ist also offen. Und auch die Frage, ob „Reformpädagogik" ein zustimmungswürdiger Begriff sein soll oder nicht, war keineswegs entschieden. Otto Willmann verwendet 1897 die Bezeichnung „Reformpädagogik" als polemische Kennzeichnung der philanthropistischen Aufklärungspädagogik im 18. Jahrhundert (und damit übrigens in vollständigem Gegensatz zur späteren Verwendung des „Reform"-Motivs als Gegenpol zur Aufklärungspädagogik u. a. bei Herman Nohl und Peter Petersen). Willmann will „die historische Pädagogik als Gegengewicht gegen die Reformpädagogik des XVIII. Jahrhunderts" (Willmann 1897, 705) etablieren. In der „Reformpädagogik" der Aufklärungszeit sieht er gleichermaßen eine problematische „Auflehnung gegen alles Geschichtliche" und eine unbändige „Neuerungssucht" (Willmann 1897, 705), die es zu überwinden gelte.

Bei den Problemen ist neben den bereits erwähnten Ein- und Ausschließungen des Personenkreises, der der „Reformpädagogik" zugerechnet wird, in international-vergleichender Perspektive umstritten, ob die Bezeichnung „Reformpädagogik" sachlich mit den zeitlich parallelen Reformbestrebungen in anderen Ländern wie der „éducation nouvelle" im französischsprachigen Raum oder der „progressive education" in Nordamerika übereinstimmt. Jürgen Helmchen hat auf dem Hintergrund des Vergleichs von deutscher „Reformpädagogik" und französischer „éducation nouvelle" die These vertreten, „daß es oberflächlich und trügerisch wäre, weiterhin von der Vorstellung zu leben, es hätte eine im großen und ganzen einheitliche reformpädagogische Initiative vor allem der westlichen Industrieländer [...] gegeben" (Helmchen 1987, 49). Vielmehr gelte es im internationalen Vergleich bei den Abwägungen von Gemeinsamkeiten und Unterschieden, die „‚ideologischen‘ Einbettungen" (Helmchen 1987, 34) der jeweiligen Reform-Strömungen als konstitutiv mit zu berücksichtigen.

Eine naheliegende Folgerung angesichts dieser Probleme war, den Gegenstandsbezug von „Reformpädagogik" zeitlich zu entgrenzen. In diesem Sinne hat Jürgen Oelkers die Vorstellung vertreten, daß Pädagogik *immer* Reformpädagogik gewesen [ist]. [...] Es gibt nie eine Zufriedenheit mit dem Status Quo und es sind daher immer Reformabsichten vertreten worden, die sich in typischen Motiven ausdrückten." (Oelkers 1996, 45) Diese Entgrenzung basiert auf systematischen Überlegungen. Oelkers knüpft damit an die im Kontext der Systemtheorie von Niklas Luhmann und Karl Eberhard Schorr formulierte Deutung der Funktion des „Reform"-Motivs in den Selbstverständigungsprozessen und öffentlichen Debatten im Teilsystem „Erziehung" an. Luhmann und Schorr formulierten die These, daß es sich bei Reformen in Angelegenheiten der Erziehung „um strukturelle Notwendigkeiten eines ausdifferenzierten Systems [handele]. Das System stimuliert sich selbst auf der Ebene seiner Programme durch rekursive Sequenzen von Reformen, Enttäuschungen, Reflexionen, semantische Anpassungen und erneute Reformen. Das System kann keinen Endzustand erreichen, noch kann es sich einem Perfektionszustand annähern." (Luhmann/Schorr 1988, 463) Im Hintergrund dieser Deutung von „Reformpädagogik" mit Blick auf das Teilsystem „Erziehung" steht die Annahme, daß Erziehung und die Reflexion über diese einzig von dem binären Code „besser – schlechter" bestimmt sei. Diesem Sachverhalt – einem unausweichlich wertenden Output in der Klassifikation von „besser" oder „schlechter", von weniger oder mehr erfolgreich Lernenden, dienen zu müssen – könne das Erziehungssystem nicht entrinnen. Die Selektions- und Klassifikationsaufgabe stehe vielmehr im Zentrum des Erziehungssystems, produziere bei den Beteiligten aber ein permanentes Unbehagen, ob denn dieses (vermeintlich) faktische Zentrum nicht doch irgendwie verändert oder gar überwunden werden könne. Die von Luhmann und Schorr verwendete Prämisse kommt in dem Gedanken zum Ausdruck: „Am Code des Systems läßt sich nichts reformieren." (Luhmann/Schorr 1988, 470) Diese Grundannahme benötigen Luhmann und Schorr, um die permanenten Debatten um Reformpädagogik als (selbstverständlich vergebliche) Versuche deuten zu können, der zentralen Codierung des Erziehungssystems etwas anderes entgegensetzen zu wollen. Die Permanenz solcher Versuche beruht demnach darauf, daß die an dem System Beteiligten mit dieser Codierung einfach nicht zufrieden sein können. Eine Konsequenz der permanenten Unzufriedenheit mit dieser Codierung sei schließlich, daß Pädagogik „seit ihren Anfängen Reformpädagogik [ist], weil sie in ihrer Reformorientierung einen Ausweg aus den Zwängen der Codierung sucht." (Luhmann/Schorr 1988, 468) Mit der in dieser Denkweise angelegten Spannung, über Reform zugleich „mehr Qualität und mehr Gleichheit" (Luhmann/Schorr 1988, 470) herstellen zu wollen, wird jedoch nur die Debatte um Reformen auf Dauer gestellt, weil es eben weder aus der zentralen Codierung noch aus der Unauflösbarkeit der Spannung im Reform-Denken einen Ausweg geben könne. „Reform" wird zu einem Dauerthema, das zum Erziehungssystem zwangsläufig hinzugehört und dessen permanenten (und sich in Varianten wiederholenden) Debatten nicht entronnen werden kann. Luhmann und Schorr suchen somit mit ihrem Verweis auf strukturelle Bedingungen von „Reformpädagogik" eine Antwort auf die Frage, warum das Reform-Motiv mit der zu beobachtenden Kontinuität und Penetranz die pädagogischen Debatten bis zur Gegenwart mitbestimmt hat.

Klaus Prange hat diese Perspektive weiter normativ verschärft, indem er stärker noch die Hinderlichkeit der permanenten Reformdebatten für die Erkenntnis notwendiger Nüchternheit und Sachlichkeit im Bereich pädagogischer Professionalität betont. So kennzeichnet Prange „‚Reform‘ als Ideologie" (Prange 1995, 31–43) und sieht in dem „Reform"-Motiv vor allem einen „semantischen Überbau" (Prange 1995, 37), der von den Notwendigkeiten des Alltags ablenke. „Reform ist die Vorstellung eines glücklichen pädagogischen Jenseits, das mit der Banalität des Alltags versöhnt. [...] Versöhnung mit dem Bestehenden ist die faktische Funktion der Reformsemantik; sie stiftet den Ausgleich zwischen dem Immergleichen und den langen Weilen des Unterrichts, so daß als aufregend, neu, spannend erscheint, wo tatsächlich im großen und ganzen die immer gleiche Melodie gespielt wird." (Prange 1995, 41)

Daß die kritische Auseinandersetzung mit der traditionell-epochalen Eingrenzung von „Reformpädagogik" keineswegs nur mit negativen Vorzeichen geführt werden muß, zeigt dagegen exemplarisch Andreas Flitner in seiner Rekonstruktion der „Reform der Erziehung". Flitner sieht ebenfalls die Unausweichlichkeit der Reform-Debatten, ordnet diesen aber eine andere, korrektive Funktion zu. Im Hintergrund steht bei ihm zunächst einmal der Gedanke, daß die Entwicklungen im Bereich Erziehung und Bildung vor dem Hintergrund normativer Entscheidungen gesehen werden müssen. Daß dieser Bereich „neutral" sei und über Normen des personalen Handelns und die Gestaltung von Institutionen in einer allgemeinen Anpassung an gesellschaftliche Veränderungen nicht groß diskutiert werden müsse, scheidet als Deutungsmöglichkeit von vorneherein aus. Vielmehr steht für ihn bildungspolitisch in den Diskussionen um „Reformpädagogik" die Wahrung einer Elementarhumanität (insbesondere in der Deutung von und dem Umgang mit Kindern und Jugendlichen) auf dem Prüfstand. Es gehe um eine „Erziehung, die jungen Menschen dabei hilft, sich mit Erkenntnis, mit übernommener Verantwortung und auch mit Widerstandswillen in den Umbrüchen der Zeit zu behaupten." (A. Flitner 1999, 268f.) Daß auf dem Gebiet von Erziehung und Bildung angesichts eines oftmals ebenso latenten wie unreflektierten Fortschrittsoptimismus Humanität quasi automatisch gewahrt bliebe, kann nicht vorausgesetzt werden. „Reformpädagogik" erfüllt eine zentrale ethische Funktion für Klärungsprozesse im Bereich Erziehung und Bildung, insofern über diese Perspektive einerseits die normative Diskussion als solche im Blick bleibt und andererseits in allem technischen Fortschreiten der Gesellschaft ein Kriterium des „Humanen" über Erziehung und Bildung in Erinnerung behalten wird. Deswegen dürften „Reform" und „Reformpädagogik" nicht „als einfaches Ablegen des Alten und Ergreifen des Neuen und Besseren" (A. Flitner 1999, 218) gedeutet werden. Es gehe vielmehr um eine Suche nach dem pädagogischen Beitrag zu einer „Moderne mit menschlichem Antlitz" (A. Flitner 1999, 268). Das „Reform"-Motiv könne geradezu als „Signatur einer Pädagogik [gelten], welche begriffen hat, daß die Menschheit auf dem Weg in die säkulare Industriegesellschaft die Schwellen der alten ‚Lebenswelten' überschritten hat und daß es keine Umkehr mehr gibt." (A. Flitner 1999, 25) In diesem Prozeß müssen in Gegenwart und Zukunft kontinuierlich immer neu die Maßstäbe und konkreten Gestaltungen von Erziehung und Bildung überprüft werden.

Die Verwendung des „Reform"-Motivs in der Pädagogik wird in diesen zuletzt hier skizzierten Überlegungen als ein systematisches Problem erkennbar. Diesem Gedanken möchte die weiteren, in diesem Band gesammelten Studien folgen und diese Perspektive dadurch vertiefen, daß in verschiedenen Anläufen die systematische Bedeutung der Verwendung des „Reform"-Motivs entfaltet wird. Es geht darum,

- die Bedeutung des „Reform"-Motivs für das Verständnis von Erziehungswissenschaft insgesamt aufzuzeigen (ohne jedoch im Korsett der Systemtheorie zu verbleiben).
- die Bedeutung einer zeitlich entgrenzten Verwendung von „Reformpädagogik" zu begründen, um „Reformpädagogik" sowohl in früheren Zeiten als auch in der Gegenwart als solche identifizierbar und diskutierbar zu machen.
- die Bedeutung normativ-ethischer Grundsatzerwägungen in den Blick zu rücken – insbesondere in den je gegenwärtigen Debatten um notwendige und vermeintlich unausweichliche Reformen auf den Gebieten von Erziehung, Bildung, Schule, Jugendarbeit usw.
- die Bedeutung der ideologiekritischen Sichtweise auf dem Hintergrund der normativ-ethischen Problematik zu sehen, weil die Debatten um „Reform" nur allzuoft die Funktion erfüllen, von realen Fehlentwicklungen (z.B. im Bereich der Finanzierung des Erziehungs- und Bildungssystems) abzulenken.

Die weiteren Studien sind Versuche in dieser Richtung, mehr nicht, aber auch nicht weniger. Sie versuchen, nicht nur die Problematik einer historischen Verwendung des „Reformpädagogik"-Begriffs zu benennen, um womöglich eine neue Variante der historischen Begriffsfüllung hinzuzufügen. Sie versuchen, den Umgang mit dem „Reform"-Motiv positiv zu wenden und auf diesem Hintergrund die (nunmehr reflexiv umgrenzte) Möglichkeit einer Verwendung von „Reformpädagogik" zu umschreiben.

Der Ansatz, die Verwendung von „Reformpädagogik" auf den systematischen Prüfstand zu stellen, wird zusätzlich durch die Beobachtung gestützt, daß alle Darstellungen von „Reformpädagogik" in hermeneutischer Perspektive zwangsläufig ganz bestimmten, oftmals unausgesprochenen systematischen Prämissen folgen. Das Historische basiert auf dem Systematischen – dies gilt es offenzulegen. Die Unterschiedlichkeit dieser Prämissen zeigt sich sowohl im internationalen Vergleich als auch in der deutschsprachigen Geschichtsschreibung. Beides soll an einigen Beispielen belegt werden.

## 1.2 „Reformpädagogik" als Konstruktion

An den im ersten Abschnitt dargestellten Aspekten wird als Problem deutlich: bei jeglicher Konstruktion von „Reformpädagogik" muß bestimmt werden, wie sich „Reform" von „Nicht-Reform" unterscheidet. Der Blick auf die älteren Darstellungen zur Reformpädagogik offenbart das damit verbundene Dilemma: es ist dort nämlich keineswegs so, daß die Unterscheidung von „Reform" und „Nicht-Reform" eindeutig bzw. nach einhelligen Kriterien geregelt worden wäre – ganz im Gegenteil. Es liegen sehr unterschiedliche Varianten vor, die sachlich eine Differenz von „Reform" und „Nicht-Reform", von Alt und Neu, von Zeitgemäß und Unzeitgemäß begründen und damit jeweils eine Gruppe von Programmatiken und Praktiken als reformerisch zu kanonisieren versuchen (um andere damit gleichzeitig auszuschließen). Dabei wird der Begriff „Reformpädagogik" keineswegs von allen Autoren (z.B. auch nicht von Herman Nohl) verwandt. Gemeinsam ist vielmehr der sachliche Bezug auf einen dann jedoch eben unterschiedlich bestimmten Phänomenbereich sowie die dabei leitende Intention, eine Differenz von „Reform" und „Nicht-Reform" zu begründen. Jürgen Oelkers hat die Problematik so formuliert: Die Konstruktion eines historisch umgrenzten Zusammenhangs „Reformpädagogik" beruhe immer auf zwei problematischen Strategien: Kanonisierung und Phasenbildung (Oelkers 1996, 24). Es müsse festgelegt werden, wer dazu gehört und wer nicht. Ferner müsse die Frage beantwortet werden, wie diese Zeit der „Reformpädagogik" sich zur vorhergehenden bzw. folgenden Zeit verhält und wie diese „Epoche" intern zeitlich strukturiert ist. Beide Strategien beruhen aber auf normativen Entscheidungen, die in den seltensten Fällen offengelegt sind. Ein Blick auf einige exemplarische Konstruktionen zeigt, daß in die Verwendung von „Reformpädagogik" immer eine ganze Reihe Voraussetzungen eingeflossen ist. Die Unterschiedlichkeit dieser Voraussetzungen unterstreicht die Problematik einer Verwendung von „Reformpädagogik" als Epochenzuschreibung.

**a)** Die zumindest scheinbar weltanschaulich neutralste Konstruktion, die als pragmatisch-additiv bezeichnet werden kann, ist die über eine nicht näher erziehungsphilosophisch begründete Summierung eines bestimmten Kanons an Programmatiken und Praktiken. Diese Konstruktion des „Neuen" findet bereits – wenn auch mit durchaus unterschiedlichem Vokabular – in jenem Zeitraum statt, der lange Zeit als „reformpädagogische" Epoche bezeichnet wurde (Vgl. Konrad 1995). Scheinbar ohne weltanschaulich aufgeladene Rahmenkonstruktion wird versucht, das „Neue" gegenüber dem (vermeintlich so anderen) „Alten" darzustellen. Adolf Rude hat in diesem Sinne das Bild der „Neuen Schule" von dem der „Alten Schule" abgegrenzt. Die Kriterien für diese Gegenüberstellung sind weitgehend aus Veränderungen der pädagogischen Praxis abgeleitet. Rude sah die Kennzeichen der „Alten Schule" in einseitigem Intellektualismus, Stofforientierung, passiv-rezeptiver Haltung der Schüler und einem „didaktischen Materialismus" (Rude 1927, 10). Demgegenüber formulierte er als Bildungsziel der „Neuen Schule" die „freie und freudige Selbstbetätigung der werterfüllten Persönlichkeit im Dienste der werterfüllten Gemeinschaft" (Rude 1927, 247). Rude gründet sein Bild von der „Neuen Schule" auf dem Referat von für neu gehaltenen Wegen der Methodik und der Schulorganisation. Hierzu zählt er u. a. die freie geistige Selbstbetätigung (Gaudig), die Lebensgemeinschaftsschule, die Montessori-Schule, die Dalton-Schule, den Erlebnisunterricht, den Gesamtunterricht etc.

b) Die Konstruktion von „Reform" gegenüber „Nicht-Reform" kann jedoch keineswegs nur aufgrund eines eher flachen Schemas „Alt" – „Neu" erfolgen. Möglich ist auch eine Binnendifferenzierung des „Neuen", eine Unterscheidung innerhalb der verschiedenen Neuerungsbestrebungen als Antwort auf das Tradierte. So formulierte Jacob R. Schmid mit seiner 1937 erstmals publizierten Unterscheidung von „Schulreform und Schulrevolution in Deutschland" (Schmid 1973) eine ganz anders gelagerte Differenz, in der „Reform" als das Milde, das Umgrenzte, ja im gewissen Sinne als das apollinisch-kontrollierbar Neue gegenüber dem dionysisch-ekstatischen der Revolution gedeutet wird. Die Schulrevolution sei – als Vorwegnahme der späteren Praxis antiautoritärer Pädagogik – durch eine Transformation des Lehrers in den Kameraden geprägt gewesen. Dies habe das Grundgefüge von Erziehung und Schule nicht modifiziert und weiterentwickelt, sondern aufgehoben. Vorläufer dieser vor allem in den Hamburger Gemeinschaftsschulen nach 1919 versuchsweise praktizierten Haltung der Erwachsenen seien Jean-Jacques Rousseau, Berthold Otto, Gustav Wyneken und der Kameradschaftsgedanke der Jugendbewegung gewesen. Die Auflösung der traditionellen Lehrerrolle war „Revolution" und nicht „Reform". Dagegen sieht Schmid beispielsweise die Konzeptionen der Arbeitsschule und der Landerziehungsheime als eigentliche Repräsentanten einer Schul-„Reform", die mit ihren „Methoden" (Schmid 1973, 89) von der Radikalität der Schulrevolution des Lehrer-Kameraden zu unterscheiden seien. Hier habe eine Reform des Vorgegebenen, nicht aber ein Umsturz stattgefunden. Maßgebend ist somit für Schmid die Differenz von Reform und Revolution. Die Einheit der Reformbestrebungen wird in einer Modernisierung des tradierten Lehrer-Schüler-Verhältnisses bestimmt. Reform sei damit nicht nur gegen die vorherige Tradition, sondern auch gegen die Radikalität einer Kameradschaftskonzeption abzugrenzen.

c) Andere Konstruktionen sind hingegen nur im Kontext einer umfassenden, explizit ausgewiesenen weltanschaulichen Deutung von Erziehung und Erziehungsgeschichte zu verstehen. Zu den prominentesten Konstrukteuren gehören dabei mit wiederum unterschiedlichen Akzenten Peter Petersen und Herman Nohl. Peter Petersen sah in einem anti-aufklärerischen Gesamtansatz seiner Erziehungsphilosophie (Petersen 1924) die Frontstellung gegen den Vorrang der Rationalität als einendes Band der internationalen Reformbestrebungen seiner Zeit. Die „Neueuropäische Erziehungsbewegung" (Petersen 1926) basiere auf einer Überwindung der „Erzfehler aller Aufklärer [...], zu wähnen des Menschen Sein und Werden bestehe auf Rationalität. Nein, es besteht auf Irrationalität" (Petersen 1931, 31). Ausgehend von dem Gedanken, daß Erziehung „unmöglich ohne Weltanschauungsgrundlage" (Petersen 1931, 15) formuliert werden könne, sah er in „Gemeinschaft, Freiheit und Leben [...] die Lieblingsbegriffe der neuen Bewegung" (Petersen 1926, 5). Erziehung werde in der „Neueuropäischen Erziehungsbewegung" immer stärker sozial begriffen als „eine Funktion des Geistes, die alle Wirklichkeit durchdringt und gestaltet, und keineswegs auf jene Veranstaltungen beschränkt, die von den Menschen planvoll geschaffen sind, um in Schulen künstlich der Erziehung nachzuhelfen." (Petersen 1926, 4) Petersen verweist mit Blick auf die internationale Virulenz dieses Denkens auf „Erziehungsgemeinschaften neuer Gesinnung", zu denen er unter anderem die Konzeption John Deweys, die Landerziehungsheime und die Kinderhäuser Maria Montessoris rechnet. Praxisrelevante Kennzeichen dieser reformorientierten Pädagogik sind für Petersen die „größere Achtung vor der Individualität des Kindes und des Jugendlichen" (Petersen 1926, 105), eine Neubestimmung der Stellung des Lehrers (Petersen 1926, 129) sowie als Erziehungsziel der „Glaube an die Zukunft der Völkergemeinschaft" (Petersen 1926, 133). Der Horizont von Petersens Konstruktion war „ökumenisch". Aber: Im Hintergrund seiner so praxisnah-konkret anmutenden Konstruktion eines gemeinsamen Reform-Anliegens steht letztlich die erziehungsphilosophische Wertschätzung des Irrationalen (als Überwindung der Rationalitätsprämisse der Aufklärung).

d) Bei Herman Nohl liegen die Dinge etwas anders. Nohl teilt in seiner schulbildenden (vgl. Tenorth 1994) deutsch-nationalen Konstruktion von „Reformpädagogik" unter der Kennzeichnung „Pädagogische Bewegung in Deutschland" (Nohl, 1949a) zwar den anti-aufklärerischen Grundzug, sieht aber gleichzeitig die Einheit der Reformbestrebungen gerade nicht in einem internationalen, sondern in einem nationalen Anliegen und Kontext. Die pädagogische Bewegung kann nur verstanden werden aus dem umfassenderen Zusammenhang der „Deutschen Bewegung" heraus. Der Ausgangspunkt liegt auch bei Nohl in einer Kritik der Aufklärung: „Die Herrschaft des Verstandes in der Aufklärung hat [...] das einheitliche Leben zerteilt, und die Aufgabe ist, diese Einheit [...] wieder herzustellen." (Nohl 1949b, 28) Die Wiederherstellung dieser Einheit wird bei Nohl als Aufgabe einer „Deutschen Bewegung" betrachtet, die sich in drei Phasen gliedere. Den Ursprung habe sie in „jener großen geistigen Revolution, die etwa 1770 mit dem Sturm und Drang und seiner Besinnung auf ursprüngliche deutsche Art und Kunst einsetzt, einen zweiten Stoß in der Romantik tut und dann nach einer Epoche der Stagnation und der Entfremdung, vor allem seit dem Aufschwung des deutschen Selbstgefühls nach 1870 angesichts des Widerspruchs unsrer äußeren nationalen Existenz zu unserer geistigen Form zum drittenmal hervorbricht" (Nohl 1949b, 40). Mit dieser Überwindung der Aufklärung beschreite Deutschland im europäischen Kontext einen Sonderweg, so daß mit der „Deutschen Bewegung" zugleich die Grundlage für die nationale Identität gegeben sei. Nohl unterscheidet innerhalb der „Pädagischen Bewegung" zwei große Tendenzen: die pädagogischen Reformbewegungen im engeren Sinne (Kunsterziehung, Arbeitsschule, Moralerziehung, Landerziehungsheime) und die „elementaren pädagogischen Lebensbewegungen [...], die wir Jugendbewegung und Volkshochschulbewegung nennen." (Nohl 1949b, 22) Nohl sieht den Kern all dieser Strömungen darin, daß es ihnen insgesamt um eine „neue Form des deutschen Menschentums" gehe (Nohl 1949b, 9). Alle Reformbestrebungen finden ihre Einheit darin, daß sie der Aufklärung „das ‚Leben' als ein von Grund auf individuelles, irrationales und als Totalität, die nur der Totalität des Erlebens zugänglich ist, entgegenhalten." (Nohl 1949b, 28) In der Betonung des Lebens scheint die Lebensphilosophie in der Konzeption seines Lehrers Wilhelm Dilthey als philosophischer Deutungsrahmen auf. Nohl und das Verständnis von Reformpädagogik – dieses Verhältnis hat jedoch zwei Seiten. Bemerkenswert bei Nohl ist nun, daß er nicht nur eine weltanschaulich aufgeladene Konstruktion eines Zusammenhangs der Pädagogischen Bewegung vornimmt, sondern gleichzeitig in der Schlußpassage seiner „Theorie der Bildung" auch ein strukturell-formales Abfolgeprinzip für jegliche pädagogische Reformbewegung formuliert. So verlaufe jede pädagogische Bewegung von der Antike an bis zur Gegenwart immer in drei Phasen. Die erste Phase sei immer die „des Gegensatzes gegen eine veraltete Bildungsform." (Nohl 1949a, 218) Es folge eine „zweite Phase, die das, was hier für das einzelne aristokratische Individuum gewonnen war, allen zugute kommen lassen will, also sozial und demokratisch gewendet ist." (Nohl 1949a, 218) Schließlich werde in der dritten Phase, in der Nohl die pädagogischen Reform-Bestrebungen seiner Zeit sieht, „die Bindung und die Zusammennahme, die Autorität und die Leistung" (Nohl 1949a, 219) betont. „Reform" erscheint hier als Dauerthema im Nachdenken über Theorie und Praxis von Erziehung und Bildung – und dies von der Antike bis zur Gegenwart. Diese zunächst einmal formal-analytisch wirkende Abfolge gewinnt jedoch dadurch ihre historische Ambivalenz, daß die (unkritische) Selbstverortung in einer Phase der Bindung, Autorität und Leistung mit dem Publikationsjahr 1933 zusammenfällt (vgl. kritisch dazu Blankertz 1982, 271). Handelt es sich für Nohl tatsächlich nur um ein strukturell-formales Abfolgeprinzip oder um ein gezieltes Dokument inhaltlicher Einordnung in die „Neue Zeit"? Diese Frage kann im vorliegenden Kontext offenbleiben, ändert sie doch nichts daran, daß zumindest in der heutigen Rezeption die Möglichkeit besteht, die von Nohl getroffene Unterscheidung verschiedener Phasen als eine strukturell-formale zu lesen (wenn sie auch vielleicht ursprünglich einmal anders gemeint gewesen sein mochte). Festzuhalten bleibt demnach für Nohl, daß er neben einer weltanschaulich aufgeladenen Konstruktion der Pädagogischen Bewegung auch ein strukturell-formal lesbares Abfolgeprinzip von „Reform"-Phasen jenseits konkreter historischer Zeiträume formuliert hat – ein systematisch bemerkenswerter Aspekt.

e) Die Konstruktion des Neuen gegenüber dem Alten kann auf dem Gebiet von Erziehung und Bildung auch sozialpolitisch im Hinblick auf gesellschaftliche Veränderungsprozesse erfolgen. Ein Beispiel hierfür liefert Gertrud Bäumer mit ihrer Deutung der Sozialpädagogik, mit der sie der Sache, nicht aber der begrifflichen Kennzeichnung nach eine eigenständige Perspektive für das Verständnis von „Reformpädagogik" geliefert hat. In ihrer Bestimmung von „Sozialpädagogik" verweist sie implizit auf einen ganz anders gelagerten Aspekt des Reform-Prozesses, den Erziehung in den ersten Jahrzehnten des 20. Jahrhunderts sozialpolitisch durchlaufen habe: die Ausweitung der staatlichen Erziehungsverantwortung auf den außerschulischen Bereich. Im Hintergrund ihrer Analyse steht eine Deutung von Modernität als Reformprozeß, nach der im Wandel der Zeit zwei Defizite auf dem Gebiet des Erzieherischen entstanden sind, auf die die Gesellschaft mit „Reform" reagieren mußte. Das erste Defizit bestand darin, daß zu einem bestimmten Zeitpunkt die Familie allein nicht mehr die erzieherische Eingliederung in die Gesellschaft gewährleisten konnte. Die Gesellschaft kompensierte dieses Defizit mit der für alle verpflichtenden

Schule. Die Gesellschaft mußte erstmals ‚sozial' in das Gebiet des Erzieherischen eingreifen. In diesem Sinne steht für Bäumer auch außer Zweifel, daß die Schule als Institution „natürlich auch – und erst recht – eine sozialpädagogische Schöpfung" (Bäumer 1929, 3) darstellt. Insbesondere vor dem Hintergrund der Entwicklung des 19. Jahrhunderts habe sich jedoch als weitergehendes Reformdefizit gezeigt, daß diese ‚soziale' Intervention zur Sicherstellung der gesellschaftlichen Eingliederung über Erziehung allein nicht länger ausreichend war. Deswegen habe sich Sozialpädagogik schließlich als ein neues System mit einem neuen Träger etablieren müssen, „dem normaler Weise – und nicht nur ausnahmsweise – gewisse Leistungen in dem Ganzen der von Familie, Gesellschaft und Staat getragenen Bildung des Nachwuchses zufielen." (Bäumer 1929, 4) Sozialpädagogik kennzeichnet somit den Bereich, der „Erziehung, aber nicht Schule und nicht Familie ist." (Bäumer 1929, 3) Wenn „Reformpädagogik" sozialgeschichtlich bestimmt würde, könnte der entsprechende Gegenstandsbereich beispielsweise von den von Bäumer dargestellten Veränderungsprozessen aus strukturiert werden.

### 1.3 Annäherungen an die Gegenwart

In der Rezeption dessen, was nach 1945 im deutschen Sprachraum unter dem Stichwort „Reformpädagogik" verhandelt wurde, gibt es eine Fortführung des Spektrums an weltanschaulichen Kontextualisierungen und nüchterneren Gegenüberstellungen von (vermeintlich) „Altem" und „Neuem". Prägnantes Beispiel für die weltanschauliche Einbettung waren die komplexen Diskussionen und Stellungnahmen zur „Reformpädagogik" in der DDR. Nachfolgend soll exemplarisch auf zwei Konstruktionen der jüngeren Vergangenheit eingegangen werden, an denen gezeigt werden kann, daß in die Verwendung von „Reformpädagogik" als historischer Kennzeichnung immer auch systematische Leitvorstellungen einfließen.

Erstes Beispiel ist die Position von Hermann Röhrs, der sein Verständnis von „Reformpädagogik" aus dem Blickwinkel der internationalen Verflochtenheit der „Reformpädagogen" im „Weltbund für Erneuerung der Erziehung" (Röhrs 1977) formuliert. Für Röhrs bildet der Aspekt des Internationalismus – und in dessen Gefolge das Ringen um Konturen einer Friedenserziehung – den konstitutiven und unhinterfragbaren Maßstab für ‚wahre' Reformpädagogik, die als nationales Phänomen nicht zu begreifen sei. Rekonstruierbar wird diese hermeneutische Prämisse beispielsweise in dem Beitrag „Die Internationalität der Reformpädagogik und die

Ansätze zu einer Welterziehungsbewegung" (Röhrs 1994b, 11–26), der
ein klar ausgewiesenes Kriterium von „wahrer", „echter" Reformpädagogik enthält. Dieser Beitrag findet sich in dem von Röhrs gemeinsam mit
Volker Lenhart herausgegebenen Band „Die Reformpädagogik auf den
Kontinenten". Im Anschluß an die von Röhrs gemeinsam mit seinem
Mitherausgeber im Vorwort formulierte Überzeugung, „daß die Reformpädagogik ein Kontinuum darstellt, dessen Geschichte im Werden und
keineswegs abgeschlossen ist" (Röhrs/Lenhart 1994, 9), verweist er zwar
zunächst einschränkend darauf, daß Reformpädagogik „keine eindeutige
Definition" (Röhrs 1994b, 11) erlaube. Letztlich gelangt er nach insgesamt elf Kriterien zur begrifflichen Eingrenzung (Röhrs 1994b, 11–13)
dann doch zu einem unmißverständlich definierenden Maßstab: „Voll
entfaltet, aktiviert das reformpädagogische Konzept auch seine friedenser-
zieherische Relevanz, wie es bei William James, Pierre Bovet, Maria Mon-
tessori, Kurt Hahn, Friedrich Wilhelm Foerster, Elisabeth Rotten u.a.
deutlich wird. Geschieht diese Entfaltung der immanenten friedenser-
zieherischen Potenzen im Geist der Internationalität nicht, so macht sich
häufig die nationale Komponente über alle Gebühr bemerkbar, und es besteht die Gefahr des Ausgleitens in eine militärisch-nationalistische Ideologie – trotz fester reformpädagogischer Grundstrukturen (Reddie, Lietz,
Andreesen, Otto, Gaudig u.a.)." (Röhrs 1994b, 20) Abgesehen von der
Diskussion über die angemessene Interpretation des Werkes der genannten Personen, legt Röhrs an dieser Stelle seine hermeneutische Prämisse
offen. Für ihn bildet die Kombination von Internationalismus und Friedenserziehung den Maßstab zur Scheidung reformpädagogischer Geister.
Anders formuliert: Als reformpädagogisch oder eben nicht reformpädagogisch ist eine Praxis bzw. Theorie durch den Grad der Partizipation an dieser internationalistischen und damit für Röhrs zugleich pazifistischen
Grundhaltung ausgewiesen. „Reformpädagogik" bewegt sich damit zwingend in einer Frontstellung gegen den „pädagogische(n) Provinzialismus"
(Röhrs 1994b, 20) und wird erst konstituiert durch den „kritische(n) Ein-
bezug des internationalen Erfahrungs- und Erkenntnishorizonts" (Röhrs
1994b, 19). „Die Reformpädagogik verkörpert jene kontinuierliche
internationale Bewegung im Dienste des Menschen, die erzieherische
Fortschrittlichkeit nach dem Gesetz selbsttätiger und -verantwortlicher
Entwicklung fördert" (Röhrs 1994b, 14) – lautet denn auch Röhrs Be-
griffsbestimmung trotz aller eingangs formulierten definitorischen Zu-
rückhaltung. Gegen eine Deutung von „Reformpädagogik" vom Gedanken einer „Deutschen Bewegung" aus (wie z.B. bei Herman Nohl)

formuliert Röhrs somit eine klare Gegenposition. „Reformpädagogik" wird in Theorie und Praxis verfehlt, wenn der eigene Reform-Ansatz nicht bewußt für die Kommunikation im internationalen Kontext anschlußfähig gehalten wird. Eine Reduktion auf nationalistische bzw. „provinzialistische" Selbstgenügsamkeit verbiete sich in dieser Perspektive von selbst.

Ein anderes bemerkenswertes Beispiel neuerer Geschichtsschreibung zum Stichwort „Reformpädagogik" stellt das Forschungsprojekt von Dietrich Benner und Herwart Kemper dar. In drei Bänden mit Darstellungen zur Reformpädagogik (bei parallel erscheinenden Quelleneditionen) nehmen sie den Aspekt der Entgrenzung auf, um eine neue historische Begrenzung zu begründen. Vorausgesetzt wird, daß die in der pädagogischen Geschichtsschreibung anzutreffende Eingrenzung von „Reformpädagogik" auf den Zeitraum von etwa dem ersten Drittel des 20. Jahrhunderts mehr verdeckt als offenlegt. Etwas salopp gesprochen: Es gibt „Reformpädagogik" vorher und es gibt sie nachher – bis heute. Insbesondere das „Vorher" ist jedoch klar bestimmbar und keineswegs auf der Zeitschiene beliebig in die Geschichte zurückzuprojizieren. Es gibt klar unterscheidbar drei Phasen der „Reformpädagogik". Die erste Phase begann mit „den Religionskriegen des späten Mittelalters" (Benner/Kemper 2003, 14). In deren Zentrum gehört die Pädagogik der Aufklärung und dabei vor allem der Philanthropen. Diese erste Phase sei bestimmt gewesen von der Ablösung standesspezifischer Erziehung durch eine Kultur des „gegenseitigen Sich-Vergleichens und Miteinander-Messens, die sie [Anm.: die Lernenden] zur Einübung bürgerlicher Leistungs- und Konkurrenzformen motivieren" sollte (Benner/Kemper 2003, 15). Institutionell drückte sich dies in einer erweiterten, nun zentralen gesellschaftlichen Bedeutung der Schule aus. Diese erste Phase endete in der Phase der Restauration im 19. Jahrhundert. Die zweite Phase war die der Pädagogischen Bewegung von der Jahrhundertwende bis zum Ende der Weimarer Republik. Die dritte Phase wird durch „die reformpädagogischen Ansätze und demokratischen Bildungsreformen in beiden deutschen Nachkriegsstaaten" bestimmt (Vgl. Benner/Kemper 2003, 20). Diese Unterscheidung dreier Phasen der Reformpädagogik setzt einen normativ ausgewiesenen Begriff von „Reform" bzw. „Reformpädagogik" voraus, der die Konturen dieser Phasen (mit einem unterschiedlichen Maß an Plausibilität) zu begründen vermag und zugleich jedoch natürlich in aller Bestimmung von „Reform" auch festlegt, wer und was alles nicht dazugehört.

Die erste Voraussetzung für dieses Verständnis von „Reformpädagogik" ist, daß es diese nur bzw. erst seit dem Zeitraum geben konnte, seit dem der Staat die Verantwortung für die Organisation von Erziehungs- und Bildungsprozessen zu übernehmen begonnen hatte. „Staatliche Befugnisse in bildungsplanerischen und bildungspolitischen Frage gibt es erst seit Beginn der Neuzeit." (Benner/Kemper 2003, 14). Erst in diesem Horizont staatlicher Verantwortung und Gestaltungskompetenz mache es Sinn, von Reformpädagogik zu reden. Frühere Reformen z.B. unter der Entwicklung der athenischen Polis oder der späteren Dominanz kirchlicher Einflüsse sind damit von vornherein aus dem Spektrum möglicher Bestimmungen von „Reformpädagogik" ausgeschlossen. Dies ist eine Eingrenzung bzw. Ausgrenzung, die auf den ersten Blick plausibel erscheint, durch den Verweis auf eine frühere staatliche Lenkung von „Bildungsplanung" und „Bildungspolitik" (für die beispielsweise das antike Sparta den Extremfall symbolisiert) Zweifel weckt. Fakt ist: Es handelt sich um eine normative Entscheidung mit weitreichenden Folgen für die Begrenzung des reformpädagogischen Horizonts.

Der Verweis auf die Reichweite staatlichen Einflusses ist zweitens Voraussetzung für die entscheidende Differenz, die den Begriff „Reformpädagogik" bei Benner und Kemper inhaltlich ausmacht. Es ist dies die Unterscheidung von „Reformpädagogik" und sogenannter „Normalpädagogik". Vorausgesetzt wird dabei, daß die Neuzeit durch permanente Veränderungsprozesse geprägt sei. Von daher sei es selbstverständlich, daß im Bereich von Erziehung und Bildung auch permanent über Anpassungsprozesse an diese Veränderungen nachgedacht werden müsse. Dies sei sozusagen „normal". Die Normalsituation in der Moderne bestehe darin, sich mit Veränderungen auseinandersetzen und auf diese mit Anpassungen reagieren zu müssen. „Dass pädagogische Reformen einer vom Staat ausgehenden, mithin politischen Reform des Bildungssystems nachfolgen, ist heute der Normalfall im Verhältnis von Pädagogik und Politik." (Benner/Kemper 2003, 13) In der Normalpädagogik werden diese Veränderungen aufgenommen und verarbeitet. Eine Pädagogik, die nicht in Kategorien der Veränderung und Anpassung denkt und arbeitet, kann es in der Moderne damit quasi gar nicht geben. Neben der Permanenz des Veränderungsdrucks gibt es jedoch auch noch hervorgehobene Sondersituationen, „in denen die Gesellschaft in Krisen gerät, die mit traditionellen Mitteln nicht mehr zu bewältigen [...] [sind]. In solchen Situationen folgen pädagogische Reformen nicht einfach staatlichen Reformen nach, sondern treten staatliche Politik und pädagogische Reflexion in ein neues Verhältnis." (Benner/Kemper 2003, 13) Dies ist die Stunde der „Reformpädagogik", in der es um eben die Bewältigung des Krisenhaften geht, die nicht nur Anpassung an das Neue ist, sondern darüber hinaus selbst einen Teil des kommenden Neuen zu formulieren vermag. Historisch betrachtet hat es nach Benner und Kemper die drei oben genannten Situationen gegeben, in denen Pädagogik selbst in die Funktion der Formulierung des Neuen geraten ist. Von daher könnten Normal- und Reformpädagogik unterschieden werden.

Zwischen beiden gibt es nun drittens eine bestimmte Phasenabfolge: „Ziel reformpädagogischer Phasen ist es somit, eine ältere Normalpädagogik auf dem Wege der Reform in eine neue Normalpädagogik zu transformieren." (Benner/Kemper 2003, 14) Anklänge an das formale Schema von Herman Nohl sind unverkennbar – mit dem Unterschied jedoch, daß in diesem Abfolgeschema bei Benner und Kemper durch die Kopplung an den Gedanken der staatlichen Verantwortung für Erziehung und Bildung der Blick zurück eingegrenzt bzw. abgeschnitten wird.

Die Plausibilität der Kriterien dessen, was nun zur „Reform" gerechnet wird und was nicht, wäre an Einzelfällen zu diskutieren. Auffallend ist beispielsweise in der Darstellung der „Pädagogischen Bewegung", daß das Personal im Hinblick auf traditionelle Zuschreibungen geradezu klassisch ist: Lietz, Wyneken, Geheeb, Otto, Petersen, Karsen und andere gehören in aller Verschiedenheit kollektiv dazu, die Herbartianer sind außen vor. Die visionäre Antwort dessen, was in der Krise um 1900 pädagogisch als das Neue zu denken ist, verträgt die Unterschiedlichkeit von extremem Nationalismus bis zum utopischen Sozialismus, nicht aber Vorstellung eines bestimmten Trainings in der Lehrerbildung (Vgl. Benner/Kemper 2003, 31). Dies mag so gesehen werden. Im vorliegenden Kontext kommt es nicht auf die Einzelfallprüfung an, sondern auf den Nachweis, daß natürlich auch diese Darstellung von „Reformpädagogik" eine normativ voraussetzungsreiche Konstruktion eines historischen Zusammenhangs ist (was beide Autoren gewiß auch nicht bestreiten würden).

„Reformpädagogik" zielt offensichtlich immer auf historische Aus- und Eingrenzung von Personal, Themen, Zusammenhängen. Dies muß auch so sein, wenn die Kennzeichnung auf historische Sachverhalte bezogen werden soll. Die Frage ist jedoch, ob es nicht auch von Nutzen sein kann, einmal vom Historischen abzusehen und das „Reform"-Motiv der „Reformpädagogik" als Perspektive der Erziehungsphilosophie zu deuten.

## 2. Reformpädagogik – Systembezüge

Die Verwendung des Begriffs „Reformpädagogik" als Bezeichnung einer historischen Epoche ist in verschiedenen Arbeiten grundsätzlich in Frage gestellt worden. Andreas Flitner, der die Publikation seiner Jenaer Vorlesungen unter die Überschrift „Reform der Erziehung" stellte, verweist – wie bereits zuvor erwähnt – darauf, daß „Reform" und „Reformpädagogik" nicht „als einfaches Ablegen des Alten und Ergreifen des Neuen und Besseren" (A. Flitner 1999, 218), sondern als Suche nach dem pädagogischen Beitrag zu einer „Moderne mit menschlichem Antlitz" (A. Flitner 1999, 268) zu verstehen sind. Damit werden zwei weitreichende Konsequenzen angedeutet.

*Erstens* impliziert dieser Deutungsansatz Flitners mit der bewußten Verschränkung von pädagogischen Konzeptionen aus den ersten Jahrzehnten des 20. Jahrhunderts mit gegenwärtigen Herausforderungen (z.B. Basisdemokratie oder pädagogische Insel? Sozialgebilde der Erziehung; Arbeitserziehung – Polytechnische Bildung – Praktisches Lernen), daß der Begriff „Reformpädagogik" eben nicht länger ausschließlich auf einen Zeitraum bis 1933 eingegrenzt werden darf, sondern als kontinuierliches Kennzeichen der Pädagogik verstanden werden muß.

*Zweitens* verweist dieser Gedanke methodologisch auf eine – bei Andreas Flitner allerdings weitgehend uneingelöste, wenn auch deutlich angezeigte – Aufgabe: der Begriff „Reformpädagogik" ist dann, wenn „Reform" ein kontinuierliches Kennzeichen der Pädagogik ist, nicht länger historisch von einer mehr oder (eher) weniger plausiblen Kanonisierung bestimmter Personengruppen und Themenfelder in einem umgrenzten Zeitraum her zu bestimmen. Vielmehr muß er systematisch entfaltet werden und dabei begründen, warum und in welchem Sinne „Reform" das Nachdenken über Theorie und Praxis von Erziehung und Bildung kennzeichnet. Eine Beibehaltung des „reformpädagogischen Kanons" als historische Selbstverständlichkeit ist dann nicht länger haltbar. Vielmehr muß der Begriff „Reformpädagogik" über eine Klärung des „Reform"-Gedankens systematisch begründet werden, damit er dann erst wiederum als Untersuchungs- bzw. Darstellungskategorie verwendet werden kann.

Zugespitzt formuliert: Die oftmals affirmative Handhabung von „Reformpädagogik" als Wertbegriff muß einer analytischen Verwendung weichen. Damit wird der Begriff auch entemotionalisiert; denn als Schlagwort ruft er im Gegensatz zu vielen anderen pädagogischen Themen oft primär emotionale Reaktionen hervor. Entweder wird der Begriff mit dem pädagogisch Gebotenen, mit dem „pädagogisch Guten" schlechthin, identifiziert – dies geschieht meistens dann, wenn auf das „bleibende Erbe" der Reformpädagogik als Epoche um die Jahrhundertwende verwiesen wird (vgl. Reble 1992, 18). Oder aber der Ausdruck bewirkt heftige Formen von Abneigung, weil er automatisch mit realitätsfernem Utopismus und Erziehungszielen bzw. Erziehungswegen ohne Anhalt an dem pädagogisch Machbaren verbunden wird. Reformpädagogik ist in dieser Sichtweise dann schlicht Ideologie, falsches Bewußtsein und in historischer Analyse nicht zuletzt oftmals ein pädagogischer Wegbereiter der NS-Diktatur. Diese falsche Alternative gilt es zu überwinden.

Die These lautet: eine Neuformulierung des Begriffs „Reformpädagogik" vom „Reform"-Gedanken aus ist notwendig und sinnvoll. Eine solche veränderte Zugangsperspektive ist sinnvoll, weil die Denkfigur „Reform" – mit all ihren aufzuzeigenden Ambivalenzen – unverzichtbar zur pädagogischen Theoriebildung gehört. Denn jenseits aller unterschiedlichen Wertungen ist das „Reform"-Motiv ein dauerhaftes Kennzeichen pädagogischer Diskussionen. Insbesondere in Zeiten gesellschaftlicher Krisen wird „Reform" in der, durch die oder mit der Pädagogik gefordert. Die Permanenz des „Reform"-Motivs führt den Gedanken der Unabschließbarkeit mit sich. Dies führte nahezu zwangsläufig dazu, daß beispielsweise im Hinblick auf Schule inmitten einer Hochphase von Reformdebatten schon früh die Notwendigkeit einer „Reform der Reform" (z.B. Hamm-Brücher/Edding 1973) proklamiert wurde.

Doch nicht nur die Gegenwart, sondern auch zurückliegende Programme und Praktiken von der Antike an standen im pädagogischen Kontext oftmals ganz im Zeichen des „Reform"-Gedankens. Dies gilt natürlich auch und vielleicht sogar paradigmatisch für das Entstehen dessen, was unter dem Oberbegriff „Moderne" gefaßt werden kann (vgl. Herrmann/Oelkers 1989). Aus systematischer Perspektive verwundert es nicht, daß vor der Konstituierung einer „reformpädagogischen Epoche" des 20. Jahrhunderts unbefangen von den „Reformpädagogen des 16. und 17. Jahrhunderts" (Dinkler 1897) gesprochen werden konnte. Wenn es gelingt, „Reformpädagogik" vom „Reform"-Topos aus verständlich zu machen und als analytische Untersuchungsperspektive für pädagogische Theoriebildungen zu etablieren, dann gewinnt auch die weitergehende These ein klares Profil, daß sich die „Reform" der Pädagogik in unterschiedlichen Zeiten mit unterschiedlichen Akzenten rekonstruieren läßt. Aus systematischer Perspektive ist dann allerdings in letzter Konsequenz der oftmals vorausgesetzte Gedanke zu bezweifeln, daß „Reform" (wenn überhaupt systematisch betrachtet) nur als Signatur von Pädagogik in der Moderne verstanden werden kann bzw. darf. In den Blick kommt vielmehr die Möglichkeit, die gesamte Geschichte der Erziehung und Bildung unter dem Aspekt zu befragen und zu rekonstruieren, inwieweit in Programmen und Praktiken „Reform" das leitende Thema war. Es geht somit um den Aufweis, daß die Denkfigur „Reform" unverzichtbar zum Verständnis pädagogischer Theorie und Praxis überhaupt gehört.

Auf dem Weg dieses Perspektivenwechsels wird in einem ersten Schritt notwendig von allen konkreten Reform-Praktiken abstrahiert werden müssen, weil die systematische Verwendung eines Begriffs nicht aus der Praxis, sondern nur als eine Betrachtungsweise ihr gegenüber gewonnen werden kann. Die Formalisierung um der systematischen Fundierung und begrifflichen Klarheit willen verweist jedoch auf einen zweiten Schritt, in dem das systematisch Gewonnene wieder an die Praxis vergangener, gegenwärtiger oder zukünftiger Zeiten rückgekoppelt wird. In diesem zweiten Schritt geht es darum, die materialen Kriterien für die Analyse vorhandener „Reform"-Vorstellungen zu bestimmen. Die Gewinnung solcher Kriterien führt heute nur über einen gesellschaftlichen Verständigungsprozeß, wenn diese Akzeptanz und Verbreitung finden sollen. Es ist letztlich eine (bildungs)politische Herausforderung zu bestimmen, wohin die Reise, also die Gestaltung der Lernangebote für die nachfolgende Generation, auf welchen Wegen und mit welchen Mitteln gehen soll. Mit diesen Entscheidungen wird nicht nur das Verhältnis zu Gegenwart und Zukunft der Erziehung geklärt. Vielmehr erscheint auch das Gewesene im Licht des aktuell Wünschenswerten mal so und mal anders. Insofern hat die Bestimmung materialer Kriterien immer zugleich eine aktuelle wie eine geschichtsprägende Funktion: formuliert wird das, worauf sich angesichts aktueller Herausforderungen künftige Reformen richten sollen. Zugleich wird im Angesicht des je Gegenwärtigen bewertend festgelegt, was gewesen war (im Sinne dessen, was hervorgehoben und verdrängt, was ins Zentrum der Erinnerung gerückt oder aus dem Gedächtnis gelöscht werden soll).

In der vorliegenden Studie liegt der Schwerpunkt auf dem ersten Schritt. Es soll vor allem gezeigt werden, wie und in welchen Bezügen innerhalb des Gesamtsystems eines Nachdenkens über Theorie und Praxis von Erziehung und Bildung „Reformpädagogik" vom „Reform"-Gedanken her formal verstanden werden kann bzw. muß. Der zweite Schritt wird im abschließenden Abschnitt nur angedeutet.

## 2.1 Historische und systematische Begriffsfindung

Am Anfang steht die Klärung des Weges. Ein möglicher Weg, um zu einem Begriff zu gelangen, besteht in der Abstraktion von Wirklichkeit. Für die Erarbeitung einer pädagogischen Theorie bedeutet dies, daß die geschichtlich überlieferten Erziehungspraktiken und Erziehungstheorien daraufhin untersucht werden, ob und ggfs. was für ein einheitlicher Maßstab (z.B. für „Reform" oder „Reformpädagogik") aus ihnen gewonnen werden kann. Diese Strategie ist voraussetzungsreich und erkenntnistheoretisch im Anschluß an so ungleiche Gefährten wie Kant, die moderne Hermeneutik oder den Konstruktivismus im Hinblick auf den Anspruch, Wirklichkeit zu erfassen oder gar abzubilden, als große Illusion zu bezeichnen. Es bleibt zwangsläufig eine Illusion, daß die in der Wirklichkeit selbst herrschenden Strukturen überhaupt zu erkennen sind. Unter hermeneutischen Voraussetzungen ist diesem Anspruch entgegenzusetzen, daß „die" Wirklichkeit und ihre Strukturen immer nur perspektivisch wahrgenommen werden können. Im Verstehensprozeß dieser Wirklichkeit wird immer eine Auswahl dessen getroffen, was überhaupt wahrgenommen wird. Die damit verbundenen Beschränkungen, Ein- und Ausgrenzungen basieren zum einen auf dem kulturell und geschichtlich begrenzten Erkenntnishorizont des Einzelnen und werden zum anderen durch seine subjektiven Forschungs-, Analyse- und Erkenntnisinteressen, seine Vorlieben und Abneigungen usw. und die daraus resultierenden Fragestellungen mitbestimmt.

Ein anderer Weg beginnt mit dem Ausweis eines Leitgedankens, einer „Idee", anhand derer das Gegebene und die Überlieferung der pädagogischen Praktiken und Theorie aufgefaßt und interpretiert werden soll. Bei der Art des Leitgedankens sind verschiedene „Härtegrade" zu unterscheiden, die gerade bei einer näheren Bestimmung von „Reform" schnell deutlich werden. So geht es zum einen darum, welcher normative Status von einem Betrachter seinem eigenen Leitgedanken beigemessen wird. Werden die Kriterien für den eigenen Reform-Begriff absolut gesetzt oder nur als ein möglicher Beitrag zur gesellschaftlich-wissenschaftlichen Kommunikation oder Konvention eingeführt? Dieser Aspekt ist zum anderen eng mit der Frage verbunden, wie material dasjenige bestimmt wird, was als Kriterium an die inhaltliche Bestimmung von „Reformpädagogik" herangetragen wird. Die letztgenannte Frage steht in engem Bezug zur eingangs formulierten Unterscheidung der systematischen Funktionsbestimmung des „Reform"-Motivs von der materialen Bestimmung in einem konkreten historischen Kontext.

Verdeutlicht werden kann diese Differenz an den Problemen, die aus heutiger Sicht den bereits erwähnten Versuch von Herman Nohl (Vgl. Studie 1, Abschnitt 2) kennzeichnen, die „Einheit der Pädagogischen Bewegung" durch ein neues Ideal „vom deutschen Menschen und von einer höheren geistigen Volkskultur" (Nohl 1949b, 21) zu bestimmen. Hier wird – parallel zur Konstruktion einer umfassenden Bewegung der Lebensreform – ein material stark angereicherter Leitgedanke eingeführt. Der Versuch, mit dem Maßstab des „Deutschen" die „Einheit der Pädagogischen Bewegung" zu (re)konstruieren, impliziert normative Entscheidungen, wie die vorfindlichen pädagogischen Praktiken und Theorien zu bewerten sind. Zudem ist deutlich, daß eine solche Konstruktion eigentlich gar keinen pädagogischen, sondern einen politischen Ausgangspunkt hat. Das, was unter die „Pädagogische Bewegung" gefaßt werden soll, setzt sich dabei zusammen aus einer Reihe von Einzelpersonen mit bestimmten pädagogischen Zielen (Wozu-Aspekt) und Praktiken (Wie-Aspekt), die neu waren oder zumindest für neu gehalten wurden. Nicht der pädagogische Neuerungswert als solcher, sondern die Kompatibilität mit dem Gedanken der „Einheit" und des „Deutschen" stellte dabei den entscheidenden Auswahlmaßstab dar. Aufgrund des so verstandenen tatsächlichen oder vermeintlichen Neuerungsaspekts wurde dann – insbesondere in der entsprechenden Sparte über die „Reformpädagogische Bewegung" in der Zeitschrift „Die Erziehung" – der Begriff „Reform" in Abgrenzung gegenüber dem „Alten" verliehen. Einige Pädagogen wurden so zu Reformpädagogen. Diese Einzelpersonen wiederum wurden vor allem durch die pädagogische Geschichtsschreibung in der Weimarer Republik in einen Zusammenhang von größeren Strömungen eingeordnet wie etwa „der" Kunsterziehung, „der" Arbeitsschule, „den" Landerziehungsheimen usw.

Das Beispiel zeigt noch einmal den bereits erörterten Sachverhalt: Die traditionelle Verwendung des Begriffs „Reformpädagogik" für einen Zeitraum von 1890 bis 1933 hält der kritischen Prüfung nicht stand und scheint weder sinnvoll noch möglich. Diese Verwendung führt vielmehr zu der eingangs angesprochenen Polarisierung, nach der es um „die" Stellung zu „der" Reformpädagogik geht (vgl. Hohendorf 1989). Auch die Ausweisung einer Epochenabfolge (Benner/Kemper 2001ff) mit der Unterscheidung von Normal- und Reformpädagogik löst diese Probleme letztlich nicht, sondern führt nur zur Verlagerung der Angriffsflächen und zu einer anders akzentuierten Problematisierung getroffener Ein- und Ausgrenzungen. Mit der kritischen Betrachtung von „Reformpädagogik" als Epochenkennzeichnung ist allerdings – dies sei ausdrücklich betont – noch nichts über Wert und Bewertung jener pädagogischen Praktiken und Projekte ausgesagt, die üblicherweise unter dieser Begrifflichkeit gefaßt werden. Die Debatten um konkrete Programme und Projekte bewegen sich auf einer anderen Ebene, auf der es auf Einzelfallprüfungen (unter reflektiertem Ausweis der Bewertungskriterien) ankommt.

Gegen die Bindung des „Reform"-Begriffs an eine Epoche wird nun der Versuch gesetzt, das Vorgehen umzukehren und nicht mehr von der Analyse zeitlich eingegrenzter Theorien und Praktiken auszugehen. Der Begriff „Reform" im Zusammenhang von Pädagogik soll nicht mehr an einen bestimmten geschichtlichen Zeitraum gebunden, sondern vielmehr von seiner Funktion in einem pädagogischen System her verstanden werden. Nicht als Bezeichnung für einen Zeitraum, sondern in seiner Funktion für ein pädagogisches System läßt sich dann die Bedeutung eines Begriffs „Reformpädagogik" für die pädagogische Reflexion plausibel machen.

## 2.2 „Reform" und Pädagogik

*Was heißt „Reform"?*

Zunächst muß die Frage geklärt werden, was unter „Reform" verstanden werden soll. Hier wird vorgeschlagen, den „Reform"-Begriff durch drei Perspektiven zu bestimmen.

**a)** Erstens ist von grundlegender Bedeutung, daß Reform untrennbar mit der Wahrnehmung von *Zeit* verbunden ist. „Reform" ist ein Prozeßbegriff, der auf die Differenz eines „schon-jetzt" zu einem ausstehenden „noch-nicht" verweist. Von Reform kann sinnvollerweise nur jemand reden, der in seiner Wahrnehmung von Zeit so etwas wie Zukunft zu denken vermag und überdies die Vergangenheit als Vergleichsgröße und Ideenmaßstab im Blick hat. Der Vergleich von Zeithorizonten bildet eine strukturelle Voraussetzung für die Verwendung des „Reform"-Motivs.

**b)** Inhaltlich verknüpft ist die Rede von Reform zweitens mit einer *Idealvorstellung* von Wirklichkeit, in der es mehr gibt als das Gegebene. Bezogen auf das Gebiet der Pädagogik verweist dies auf Vorstellungen von: „dem" richtigen Unterricht, „der" „guten" Schule, „dem" optimalen pädagogischen Milieu ... – als ob es so etwas „im ganzen" geben könne!

Im Bewußtsein des Fiktionalen – das Denken muß gewagt werden. Nur wer einen Maßstab hat, den er in Differenz an das Gegenwärtige anzulegen vermag, wird daran prüfen können, inwieweit das Gegebene diesem Maßstab nahekommt oder davon entfernt ist. Anders ausgedrückt: Nur wer eine Idealvorstellung von menschlicher Existenz und Welt zu denken bereit und in der Lage ist, die nicht im Materiellen erstickt, wird „Reform" als überhaupt verständlichen Begriff wahrnehmen können. Wer hingegen solch eine Idealvorstellung als notwendig zu denken verneint, wird „Reform" und auch die Verwendung des Begriffs in der Erziehungswissenschaft pauschal als Ideologie bezeichnen müssen. Denn jenseits des Gegebenen und möglichst effektiver Anpassungsprozesse (ja woran dann eigentlich?) bleibt dem im Materiellen Verhafteten nur das Undenkbare, das Undenkwürdige. Damit ist keineswegs bestritten, daß natürlich der „Reform"-Topos inhaltlich einer ständigen Ideologie-Gefährdung im Sinne einer Aus- bzw. Überblendung des (perspektivisch) Faktischen unterliegt. Das Operieren mit einer Idealvorstellung an sich impliziert jedoch keineswegs notwendig falsches Bewußtsein. Der Gedanke der „Idealvorstellung" stellt vielmehr einen unverzichtbaren Rahmen und damit das entscheidende Merkmal des „Reform"-Motivs dar. Die Idealvorstellung von Wirklichkeit ist der *Maßstab* bei der Rede von Reform. Dieser Maßstab umschließt die Zielfrage (wozu) und die Frage nach der technischen Realisierbarkeit (wie), wobei der Ausgangspunkt jedoch bei der Zielbestimmung genommen wird (Vgl. die in der 3. Studie thematisierten Binnenstrukturen).

c) Der dritte Aspekt, der mit dem Begriff „Reform" notwendig verbunden ist, ist der Gedanke menschlicher *Freiheit*. Der Begriff „Reform" setzt voraus, daß Wandlungen mit Hilfe menschlicher Bemühungen möglich sind und trotz der Dürftigkeit mancher Zeiträume positive Veränderungen zumindest nicht ausgeschlossen sind. Wer menschliche Freiheit prinzipiell leugnet und stattdessen Determinismus oder Fatalismus ins Zentrum seiner Weltdeutung stellt, kann und braucht in Reform-Kategorien nicht zu denken. Allerdings: Die Probleme mit der Freiheit sind gerade im Rückblick auf das 20. Jahrhundert offensichtlich. Die Dynamik menschlicher Freiheit war einerseits über längere Zeit in totalitäre Fesseln gelegt, andererseits aber eng mit dem raschen sozialen Wandel verbunden, der (bei aller Abhängigkeit von ökonomischer und gesamtgesellschaftlicher Eigendynamik) nicht ohne die Freiheit des Menschen zu erklären ist. Das Denken menschlicher Freiheit ist die Voraussetzung der Rede von „Reform".

Der Begriff „Reform" verweist somit auf dreierlei:
• auf ein Zeitbewußtsein, in dem Gegenwart, Vergangenheit und Zukunft unterschieden werden,
• eine Idealvorstellung von Wirklichkeit, die einen Maßstab für die Bewertung des Gegenwärtigen liefert und
• das Zugeständnis menschlicher Freiheit.

Was bedeutet „Reform" nun für die Pädagogik?

### *Pädagogik und „Reform" – Verbindungen*

Die entscheidende Verbindung der erziehungswissenschaftlichen Theorie mit dem „Reform"-Begriff liegt in deren Gegenstandsbereich begründet. Diese hat sich um die Analyse ihrer leitenden Begriffe zu kümmern. Ob man nun „Erziehung", „Bildung" oder „Lernen" als zentralen pädagogischen Leitbegriff bestimmt – in jedem Fall handelt es sich zunächst um einen Prozeß der Erziehung, einen Prozeß der Bildung oder einen Prozeß des Lernens. Pädagogische Theorie und Praxis haben sich somit immer zwingend mit Zeit und damit der Frage auseinanderzusetzen, wie sich Gegenwart, Vergangenheit und Zukunft zueinander verhalten.

Auch die beiden anderen Perspektiven lassen sich unschwer mit den zentralen pädagogischen Themen in Verbindung bringen. So ist weder Erziehung noch Bildung oder Lernen ohne eine Klärung des umfassenden Gesamtbezugs eines Sinnganzen denkbar. Es muß belegt werden können, wozu erzogen, gebildet oder gelernt werden soll. Von einem „Wozu" hängt entscheidend die entsprechende Bestimmung des „Was" und des „Wie" ab. Ohne eine Klärung dieser Zielperspektive geht es nicht.

Pädagogische Leitbegriffe sind an Prozessen in der Zeit orientiert und überdies auf die Diskussion über umfassende Sinnbezüge dieser Prozesse angewiesen. Damit – pädagogisch gesprochen: mit seiner Lernfähigkeit und Bildsamkeit – setzen sie auch die Vorstellung vom Menschen unter dem Vorzeichen seiner Freiheit voraus, weil sonst das Nachdenken über jegliche Bemühungen des Erziehens, des Bildens und der Vermittlung von Lernfähigkeit gegenstandslos wäre.

Kants Diktum zu dem Zusammenhang von Pädagogik und Reform lautet sinngemäß kurz und bündig: „Kinder sollen nicht dem gegenwärtigen, sondern dem zukünftig möglich bessern Zustande des menschlichen Geschlechts, das ist: der Idee der Menschheit, und deren ganzer Bestimmung, angemessen erzogen werden." (Kant 1803/1983, 704 = A 18) Bei der Bestimmung eben dieser „Idee der Menschheit" ist heute zwar von einer offenen Diskussion über eine Pluralität von Sinnbezügen auszugehen, was jedoch an der Bedeutung der Ausrichtung auf diesen Horizont an sich nichts ändert.

### Zwischen Reform und Erfahrung – Systembezüge

Die Funktion des „Reform"-Motivs liegt angesichts der genannten Parallelen bei den pädagogischen Leitbegriffen – immer auf Zeit bezogen, auf Sinnzusammenhänge ausgerichtet und auf Freiheit angewiesen zu sein – auf der Hand. Es läßt sich keine Pädagogik vorstellen – Pädagogik, die mehr sein will als Optimierung von Technologie in ethisch unbestimmter Weise –, die nicht ihre eigene Konzeption in Relation zur Zeit-, Sinn- und Freiheitsproblematik konstruiert. Dies kann auf zweierlei Weise geschehen, wobei die zugrundeliegende Polarität nur typologisch verstanden werden kann und den Ausgangspunkt von in der Realität in der Regel als Mischungsverhältnisse vorkommenden Programmen und Praxen beschreibt.

„Reform" ist dabei Ausdruck für jenen Pol pädagogischer Theoriebildung, der unter Absehung der Empirie einen von der Differenz zum Vorfindlichen geprägten Orientierungsanspruch formuliert. Damit wird der Sache nach eine Denkfigur des Pädagogik-Verständnisses von Kant aufgenommen: „Ein Entwurf zu einer Theorie der Erziehung ist ein herrliches Ideal, und es schadet nichts, wenn wir auch nicht gleich imstande sind, es zu realisieren [...]. Eine Idee ist nichts anderes, als der Begriff von einer Vollkommenheit, die sich in der Erfahrung noch nicht vorfindet." (Kant 1803/1983, 700f. = A 10) „Reform" ist in diesem Sinn mit bewußt gewähltem Abstandnehmen vom Vorfindlichen verbunden: Beschrieben wird von diesem Pol des Denkens aus eine erdachte Zukunft als Ziel, ein Sinngefüge als Rahmen und menschliche Freiheit als Voraussetzung pädagogischen Handelns. „Reform" ist demnach die Perspektive, die aus der Differenz, ja Spannung zwischen Erziehungsideal und Realität erwächst. Sie kann mit Blick auf die systembedingten Eigenheiten des Nachdenkens über Theorie und Praxis von Erziehung und Bildung als ein notwendiger Bestandteil jeglicher Allgemeinen Pädagogik gedeutet werden. Diese zentrale Funktion des „Reform"-Motivs für die Allgemeine Pädagogik wird durch dessen Binnenstrukturen und die dort auf einer zweiten Ebene ebenfalls auszumachenden Polaritäten noch deutlicher (Vgl. die dritte Studie zu den Binnenstrukturen). Allerdings kann für den Systembezug des „Reform"-Motivs nicht von der Hand gewiesen werden, daß eine Verabsolutierung dieses Elements die Gefahr in sich birgt, den Dialog und die Verbindung mit dem anderen Pol vergessen zu machen. Dieser andere Pol ist von Kant als Erfahrung bezeichnet worden. Gegenstand der Erfahrung ist die vorfindliche geschichtliche, gesellschaftliche, psychologische Wirklichkeit, die gleichermaßen unverzichtbar für das Verständnis des Gegenstandsbereichs und für den verantwortlichen Umgang mit demselben ist. Will man die beiden Pole, „Reform" und „Erfahrung", mit Dimensionen menschlicher Wahrnehmung verbinden, so könnte der Reform-Pol als imaginative Auseinandersetzung mit dem Ideal und der Erfahrungs-Pol als korrektive Konfrontation des Denkens durch die Realität bezeichnet werden. Die polare Struktur von Ideal mit dem daraus resultierenden „Reform"-Motiv auf der einen sowie dem Aspekt der Erfahrung auf der anderen Seite ist im 20. Jahrhundert u. a. im Kontext der sogenannten Geisteswissenschaftlichen Pädagogik hervorgehoben worden. Mit der Gegenüberstellung von Ideal und Erfahrung wird so auch ein Gedanke von Herman Nohl aufgegriffen und umgeformt, der in seiner pädagogischen Menschenkunde zwischen einem idealistischen und realistischen „Sehen" des Pädagogen unterschieden hatte (Nohl 1947, 15-20). Nohl verweist in seinen anthropologischen Überlegungen auf die Bedeutung des idealen Zugs im pädagogischen Verhältnis, „der auf die Wertmöglichkeiten im Kinde gerichtet ist und es nicht bloß bei seiner Triebbestimmtheit ertappen will, sondern das höhere Leben in ihm sucht, seine Idealform und seine Berufung." (Nohl 1947, 15)

Für die Einordnung des „Reform"-Motivs in den Gesamtzusammenhang des Nachdenkens über Theorie und Praxis von Erziehung und Bildung kann festgehalten werden: Jede Theorie bewegt sich zwischen diesen beiden genannten Polen „Reform"/„Idealismus" auf der einen und „Erfahrung"/„Realismus" auf der anderen Seite. Bevor die Konsequenzen dieser Polarität noch weiter erörtert werden, ist eine Einschränkung zu berücksichtigen. Diese Einschränkung resultiert aus einem fiktiven und zugleich visionären Denkspiel und ist deswegen weder selbstverständlich noch im Sinne ihrer faktischen Realisierung sehr wahrscheinlich. Es läßt sich nämlich zumindest als Vision die Ansicht vertreten, daß „Ideal" und „Wirklichkeit" in eins fallen oder zumindest in absehbarer Zukunft als ineins-fallend gedacht werden. Gegen diesen Zukunftsoptimismus, dessen Wirklich-Werden eine Aufhebung der Polarität zur Folge hätte, weil „Reform" dann überflüssig würde, sträubt sich historische Erfahrung. Die Proklamationen eines vermeintlichen Paradieses auf Erden – sei es in Gestalt eines tausendjährigen Reiches, sei es in der Vorstellung einer nahenden klassenlosen Gesellschaft oder anderen Konstruktionen – haben im 20. Jahrhundert zum einen nur ein sehr überschaubares Haltbarkeitsdatum gehabt und zum anderen (was noch viel gravierender ist) in ihrem unüberwindbaren Korsett des Totalitären eine unverkennbare Differenz zwischen Anspruch und Realisierung mit sich geführt. Von daher liegt es nahe, ein sehr viel skeptischeres Bild vom geschichtlichen Prozeß anzunehmen. Die Behauptung, es gäbe auf Dauer eine Polarität von „Reform" und „Erfahrung", geht davon aus, daß das Reich Gottes auf Erden trotz aller gelegentlich aufkeimenden Hoffnungen gerade im pädagogischen Bereich, über Erziehung den „Neuen Menschen" schaffen zu können und zu wollen, eine säkulare Fiktion bleibt.

An der Illusion, „Reform" würde überflüssig, weil „Reform" an ihr Ziel kommen könne oder gar schon gekommen sei, wird nun jedoch auch die Gefährdung deutlich, die mit dem „Reform"-Motiv gegeben ist. Diese besteht eben vor allem darin, „Reform" für den einzigen Inhalt von Pädagogik zu halten und auf diesem Wege die Polarität aufzulösen. Polarität bedeutet immer Spannung, notwendige und unverzichtbare Spannung, die konstruktiv nur dann genutzt wird, wenn nicht ein Pol absolut gesetzt wird. Es bleibt auf Erden schlicht dabei: In jeglicher pädagogischen Theorie und Praxis ringen das Denken des Wünschenswerten („Reform") und die Wahrnehmung des Faktischen („Erfahrung") um das Mögliche. Deswegen wird mit „Reform" eine ebenso beständige wie nie an ihr Ende kommende Aufgabe bezeichnet, in der verschiedene Ebenen berücksichtigt werden müssen.

## 2.3  Reformpädagogik als Aufgabe

An dieser Stelle stellt sich die eingangs formulierte Aufgabe, die bislang nur formale Bestimmung der Stellung und Funktion des „Reform"-Motivs an die Aufgaben des Alltags von Theorie und Praxis dadurch rückzubinden, daß Strategien zum Umgang mit Wirklichkeit skizziert werden. Mit der hier vorgelegten formalen Bestimmung von „Reformpädagogik" vom „Reform"-Motiv aus ist zunächst das „daß" der Unvermeidbarkeit und der Unumgänglichkeit einer Auseinandersetzung mit diesem Pol dargelegt worden. Damit ist nun die Notwendigkeit eines entsprechenden Verständigungsprozesses über materiale Kriterien untrennbar verbunden. So wird mit Andreas Flitner ganz allgemein zu fragen sein, ob die Aushandlung der Konturen von „Reform"-Vorstellungen nicht doch immer auch mit der sozialpolitischen Herausforderung verknüpft ist, einen Minimalkonsens an humanitären Grundvorstellungen in der Faktizität und Möglichkeit der Gestaltung des Verhältnisses von Lehrenden und Lernenden zu formulieren und einzufordern. Bei einer näheren Bestimmung entsprechender Konkretisierungen scheint allerdings Skepsis angebracht, ob die Pädagogik aus sich heraus in der Lage ist, einen entsprechenden Bestimmungsprozeß a-historisch kontextfrei und in diesem Sinne autonom leisten zu können. Vielleicht ist dies möglich, wenn (wie beispielsweise bei Johann Friedrich Herbart) die Konstruktion der Allgemeinen Pädagogik konsequent von einer fundamentalethischen Fragestellung nach der Entschuldung der Erzieher am Ende des Erziehungsprozesses und damit wirklich „vom Kinde" aus gedacht wird (Vgl. Koerrenz 2004). Hier wäre ein Anknüpfungspunkt einer genuin pädagogischen Ethik, die als Kriterium in den gesellschaftlichen Diskurs eingebracht werden kann. In der Regel wird jedoch an diesem Punkt vor allem deutlich, daß Pädagogik an den allgemeinen gesellschaftlichen Diskussionsprozeß der verschiedenen Interessen von politischen Leitkonzeptionen, Philosophien und Religionen verwiesen ist. Diese Thematik steht auch im Hintergrund der dritten Studie über Binnenstrukturen des „Reform"-Motivs. Worin besteht nun der formale Nutzen der Verwendung eines solchermaßen vom „Reform"-Motiv aus entwickelten Verständnis von „Reformpädagogik" innerhalb der Systembezüge? Dieser Nutzen äußert sich in einer bereits angedeuteten Doppelperspektive:

Zum einen können pädagogische Theorien und Praxen generell daraufhin untersucht werden, wie die beiden Pole in ihnen gewichtet sind. Selbst die radikalste Erfahrungspädagogik mit der Leugnung aller übergeordneten Sinnbezüge enthält darin indirekt und unausgesprochen noch eine Art Reformmotiv, daß dem verbreiteten „Reform"-Überschwang notwendige Nüchternheit gegenübergestellt wird. Eine solche Analyse der Gewichtungen ist natürlich auch auf alle bislang unter dem Epochenbegriff „Reformpädagogik" geführten Autoren und Themen anwendbar. Diese können unter dem Aspekt der Polarität neu für sich gelesen und im Zusammenhang klassifiziert werden. Dabei werden vielleicht manche Zuschreibungen korrigiert und „Bewegungs"-Konstruktionen differenziert, weil sich manches als reine Wolkenschieberei, anderes jedoch (aus heutiger Sicht) als geradezu selbstverständlich darstellen wird.

Dies verweist auf den zweiten Nutzen einer solchen Handhabung des „Reform"-Motivs. Dieser besteht in der Einsicht in die Notwendigkeit der Frage, wie heute eine „Reformpädagogik" konstruiert werden kann. Dieser zweite Aspekt gliedert sich gemäß der Polarität wiederum in zwei Teilfragen. Auf der einen Seite muß danach gefragt werden, an welchem Ideal heute die Reform ausgerichtet sein soll: Zukunftsvorstellung, Sinndeutung und Anknüpfung an die Situation des Menschen müssen geklärt werden. Letzteres verweist jedoch auch bereits auf die andere Seite, auf der mit den verschiedenen wissenschaftlichen Methoden nach der größtmöglichen Wirklichkeitserfahrung gesucht werden muß.

Handelt es sich bei einer heutigen Vorstellung um „Reformpädagogik", so wird der Reformaspekt und damit die Frage nach einer Sinndeutung des gesamten pädagogischen Handelns auf dem Hintergrund eines pädagogischen Ideals besonders betont werden. Wird hingegen der entgegengesetzte Pol stärker betont, so wird man von einer „Erfahrungspädagogik" sprechen. Beide Ansätze werden dann ideologisch, wenn der jeweils gegenüberliegende Pol ganz ausgeblendet oder entsprechend verzerrt wahrgenommen wird. Somit läßt sich sowohl eine „erfahrungs"-versklavte wie eine „reform"-überschäumte Ideologie vorstellen, deren falsches Bewußtsein darin besteht, entweder die „Reform" als Weg zum Ideal mit dem faktisch Gegebenen gleichzusetzen oder das „Faktische" für das einzig Denkbare und Wünschenswerte zu halten. Das erste wäre ideologische Hybris, das zweite ideologischer Fatalismus. Die Pole bleiben aufeinander angewiesen, so daß für eine pädagogische Theoriebildung die Formulierung von Herman Nohl überzeitliche Geltung beanspruchen kann: „Die Grundeinstellung, mit der der Pädagoge dem Kind gegenübersteht, ist also eine eigentümliche Mischung von realistischem und idealem Sehen, die sich ergibt aus der Einsicht in die Zweiseitigkeit im Wesen des Menschen." (Nohl 1947, 16)

### Die Analyse des Tradierten

Mit der systematischen Deutung von „Reformpädagogik" über das „Reform"-Motiv erscheint es zunächst einmal nicht mehr zwingend, die entsprechende Zuschreibung auf einen Zeitraum (erstes Drittel des 20. Jahrhunderts) oder die Abfolge mehrerer Zeiträume (wie bei Dietrich Benner und Herwart Kemper) zu begrenzen. In den Blick kommt die Möglichkeit, die gesamte Erziehungs- und Bildungsgeschichte auf die jeweiligen zeitbedingten Ausprägungen in Programmen und Praktiken zu untersuchen. Insbesondere die Antike eröffnet hierzu ein breites Erkenntnisfeld. Angefangen von der Ablösung der alten Adelserziehung im antiken Griechenland durch andere sozialpolitische Leitvorstellungen (Sophisten, Platon) bis hin zur Ablösung des Griechischen durch das Lateinische als leitende Kultursprache für den Mittelmeerraum verbindet sich damit die Frage, ob nicht die Polarität von Reform und Erfahrung bereits dort und keineswegs erst in der sogenannten „Moderne" der Praxis von Erziehung und Bildung zugrundegelegt und auch theoretisch reflektiert wurde. Ein prägnantes Beispiel hierfür bildet die Unterscheidung konkurrierender Wege des Rhetorik-Verständnisses und der damit verbundenen Rhetorik-Ausbildung bei Cicero. Wesentliche Übergänge im frühen oder späten Mittelalter lassen sich unter dem hier entfalteten Blickwinkel ebenfalls gut entschlüsseln – von der Verlagerung elementarer Erziehungs- und Tradierungsleistungen ins Kloster bis zur Aristoteles-Rezeption im Vorfeld der Scholastik. Daß seit dem 16. und 17. Jahrhundert „Reformpädagogik" eine sinnvolle Kennzeichnung für Entwicklungen darstellt, kann nach Benner/Kemper nicht mehr bestritten werden, selbst wenn deren leitender Differenz von Reform- und Normalpädagogik (mit den damit verbundenen Ein- und Ausgrenzungen) nur eine begrenzte Plausibilität zugemessen wird. Nimmt man als Ausschnitt der „Reform" nun aber tatsächlich einmal die Zeit von 1890 bis 1933, so läßt sich hierfür mit den oben aufgeführten formalen Gesichtspunkten ein Geflecht an Aussagen treffen, die die relative Berechtigung einer Kennzeichnung vieler Erscheinungen dieser Zeit als „reformpädagogisch" unterstützt, zugleich aber die Verwendung von „Reformpädagogik" als einer Epochenkennzeichnung im allgemeinen und die solchermaßen vorgenommene Kennzeichnung dieses Zeitraums im besonderen zerstört.

Zunächst einmal ist es eine quasi banale Feststellung, daß es auch in dieser Zeit auf der Ebene des Denkens und Handelns eine Bedeutung des „Reform"-Motivs und auch ganz real eine Reihe von als „Reform" zu bezeichnenden Veränderungen gegeben hat. Die in diesem Zusammenhang letztlich nicht lösbare Frage, ob die Veränderungen durch die „Reform"-Semantik zustande gekommen oder nicht vielmehr als beiläufige Begleiterscheinung des allgemeinen gesellschaftlichen Wandels anzusehen sind, kann dabei offenbleiben. Der entscheidende Beitrag der Pädagogik scheint vor allem in einer effektiven Bewußtseinspropaganda, die dem sozialen Wandel auf pädagogischem Gebiet die Richtung anzeigte, gelegen zu haben (Vgl. Oelkers 1996). Theoretisch mußte visionär legitimiert werden, was faktisch durch die Veränderung gesellschaftlicher Bedingungen im Bereich des Möglichen erschien. An der konkreten Verwendung des „Reform"-Motivs lassen sich an den Erscheinungen dieser Zeit vor allem auch die spezifischen Probleme dieses Pols ausmachen.

a) So ist zunächst danach zu fragen, wie bei den einzelnen Pädagogen in ihrer „Reform"-Emphase Wirklichkeit überhaupt noch in den Blick kam. Die Ausblendung von Wirklichkeit in der Kulturkritik während der ersten Jahre der Weimarer Republik mit einem oftmals überzogenen Idealismus und fehlgeleiteten Irrationalismus zeigt in der Tat die Gefahren der „Reform"-Seite bei einer ganzen Reihe von Vertretern der pädagogischen Zunft auf (Schonig 1973). Die zum Teil fließenden Übergänge in die Zeit nach 1933 scheinen auch dieser Grundhaltung mit überzogenen Erwartungen an das Erziehungssystem, kombiniert mit der Sehnsucht nach Ganzheit, geschuldet. Damit in engem Zusammenhang steht aus heutiger Perspektive die Notwendigkeit der Analyse dessen, was konkret als Sinnrahmen für das „Reform"-Denken bestimmt wurde. Will man dies polemisch überspitzen, so könnte dies (bei einigen Vertretern auch ganz offensichtlich) als eine hochgradig irrationale Sucht nach „Volk", „nationaler Einheit" und einer umfassenden politischen Versöhnung gekennzeichnet werden. Aus heutiger Sicht kommt den Versuchen einer Abkühlung und Ausnüchterung pädagogischen Reformdenkens in der Weimarer Republik eine wichtige Bedeutung zu, die in der Diskussion über die „Wiederentdeckung der Grenze" (Zeidler 1926) ihren Ausdruck fand. Hier wurde bei aller Unverzichtbarkeit des Reformpols eine Haltung vorformuliert, die die Gefahren einer semantischen Identifikation des Faktisch-Möglichen mit dem Wünschenswerten kritisch beleuchtet.

b) Auch unter dieser Perspektive wird noch einmal deutlich, daß die Verwendung von „Reformpädagogik" als Epochenzuschreibung Folgekosten in Form einer Einschränkung des analytischen Horizonts hat. Die Ambivalenzen der ausgehenden Weimarer Republik verweisen auf die Relativität der Kennzeichnung dieses Zeitraums als „Reformpädagogik". Daß der Hauptstrang der pädagogischen Diskussion an einer Klärung des „Erziehungsideals" ausgerichtet war, wirft im Sinne von Röhrs Verflechtung von „Reformpädagogik" mit den Aspekten des Internationalismus und der Friedenserziehung (siehe Studie 1) die Frage nach der konkreten Füllung dieses Erziehungsideals bei einzelnen „Reformpädagogen" auf. Mit dieser Orientierung am Erziehungsideal wurde durchaus unterschiedlich umgegangen, was das breite Spektrum von „Reform"-Vorstellungen zwischen Lietz, Gaudig, Kerschensteiner, Oestreich usw. bis hin zu F. W. Förster aufzeigt. Die Gemeinsamkeit scheint angesichts sehr unterschiedlicher weltanschaulicher Einbettungen lediglich im „daß" der Orientierung an einem „Reform"-Ideal zu bestehen. Auch dies belegt: der Begriff beschreibt weniger eine zeitlich eingrenzbare Epoche, als vielmehr die Dominanz eines Pols der pädagogischen Theoriebildung in vielfältigen konkreten Ausbildungen.

**c)** Die beiden vorangegangenen Aspekte leiten schließlich zu einer dritten Folgerung über, mit der die Rezeptionsperspektive in den Blick kommt. Die „alte Reformpädagogik" um die Jahrhundertwende kann nicht einfach auf die Gegenwart übertragen und als neue, zeitgemäße Reformpädagogik ausgegeben werden. Zunächst einmal wurde der oftmals mit der Reformemphase zu Beginn der Weimarer Republik verbundene Optimismus, mit pädagogischen Mitteln den „neuen Menschen" und die „neue Gesellschaft" gestalten zu können, durch den Gang der Geschichte dementiert. Seither stellen sich die Herausforderungen an die Pädagogik und ihre „Reform"-Impulse grundsätzlich und radikal anders. So ist eine demokratische Gesellschaftsstruktur auf die offene Austragung von Interessenskonflikten hin angelegt. Eine universal gedachte Menschenwürde ist als Ausgangspunkt der Diskussion um die Einlösung des Verfassungsanspruchs heute zugleich Kriterium für jegliches Nachdenken auf den Gebieten der Erziehung und Bildung. Die damit verknüpfte Unausweichlichkeit immer neuer Klärungsprozesse bildet einen sehr viel nüchterneren Hintergrund für Überlegungen, wie durch pädagogische Maßnahmen die gesellschaftliche Entwicklung hin auf ein Mehr an Humanität unterstützt werden kann. Eine unmittelbare und unkritische Rezeption pädagogischer Entwürfe vom Beginn des 20. Jahrhunderts ist zu Beginn des 21. Jahrhunderts nicht mehr möglich.

### Herausforderung Gegenwart

Eine zeitgemäße „Reformpädagogik" darf zwar nicht auf den Stand der „Reformpädagogik" um die Jahrhundertwende zurückfallen, gleichwohl jedoch nach programmatischen Perspektiven fragen, die aus früheren Zeiten (und natürlich auch aus dem Zeitraum einer oder mehrerer vermeintlicher Epochen der „Reformpädagogik") für die Gegenwart zu übernehmen sind. Zu diskutieren ist dabei beispielsweise das Verhältnis von Erziehung und Gesellschaft. Während in früheren Phasen von „Reform"-Programmen die pädagogische Konstruktion der Gesellschaft eine Erweiterung der menschlichen Herrschaft über Geschichte und Kultur proklamierte, gehört heute die Einsicht in die Dialektik der Aufklärung zum Elementarfundus jeglicher Vernunft. Es geht dabei keineswegs um die Revision von erreichten Befreiungen und Freiheiten, sondern um die Frage nach deren Grenzen und nach deren Qualifizierung. Denn dies scheint – nach Auschwitz und nach Hiroshima – eines der wesentlichen Kennzeichen der aktuellen Ausprägung von Moderne und damit auch des Nachdenkens über notwendige Reformen auf allen Ebenen pädagogischen

Denken und Handelns zu sein: Wie kann eine neue Rationalität gewonnen werden, die die gewonnenen und weiter einzufordernden Freiheiten inhaltlich qualifiziert? Und: Wie kann in die Debatte um diese
Qualifizierung von Freiheit der Aspekt einer kritisch reflektierten Bindung einbezogen werden? Schließlich: Inwiefern kann die Rationalität in
der Bestimmung von Erziehung und Bildung dadurch gesteigert werden,
daß in deren Verständnis vor allem die rationale Reflexion des Irrationalen
mit einfließt? Für den Umgang mit dem „Reform"-Motiv ergeben sich
hierbei unter anderem folgende Einzelaspekte:

*Erstens* geht es um die Unausweichlichkeit der Thematisierung von Reform als solcher. Es geht um die Einsicht in die „Reform"-Diskussion als
notwendiges Dauerthema des öffentlichen und wissenschaftlichen Dis-
kurses – keineswegs primär oder gar nur aufgrund des sozialen Wandels,
sondern vor allem auch aus der Einsicht heraus, daß „Reform" zu den Sy-
stemkomponenten von Pädagogik insgesamt gehört. In diesem Sinne ist
der Pädagogik unzweifelhaft die Verarbeitung und die Gestaltung des
sozialen Wandels aufgegeben und hier liegt heute zugleich ein Teil der
politischen Verantwortung für das gesellschaftliche Konstrukt „Demokratie" begründet. Auch wenn entsprechende Debatten dahin mutieren
können, handelt es sich dabei keineswegs zwangsläufig um Ideologie-Pro-
duktion. Es geht um Balancen in Erziehung und Bildung, deren Pole zwar
feststehen, deren konkrete Gestalt jedoch immer aufs Neue ausgehandelt
werden muß.

*Zweitens* steht mit der unausweichlichen Debatte um die Konturen einer zeitgemäßen Reformpädagogik untrennbar die Klärung eines Sinn-
rahmens von Pädagogik auf dem Prüfstand. Dies gilt gerade angesichts der
verlockenden Möglichkeit, diese Perspektive durch empirische Forschun-
gen ersetzen zu wollen (ohne dies faktisch je zu können). Wozu finden Erziehung, Bildung und Lernen – jenseits der banalen Feststellung, daß es
zumindest Lernen unausweichlich gibt, und der problematischen Festle-
gung, Lernsteuerung habe sich primär an Kriterien der Effizienzsteige-
rung zu orientieren – tatsächlich statt? Diese Frage scheint der Pädagogik
immer neu aufgeben und in diesem Zusammenhang ist es unerläßlich,
mit Nachbardisziplinen wie Philosophie, Religionswissenschaft und
Theologie darüber ins Gespräch zu kommen, worauf der Lebensweg des
Einzelnen denn angelegt ist bzw. sein kann. Dies gilt sowohl im Hinblick
auf die Individualität wie auf die Sozialität des (jungen) Menschen.

Die heutige Herausforderung besteht in der Konstruktion einer zeitgemäßen „Reformpädagogik" als Pendant zu einer ebenso erforderlichen

„Erfahrungspädagogik". Zu vermeiden ist eine Ideologisierung der jeweiligen Position durch Verabsolutierung des eigenen und Ausblendung des gegenüberliegenden Referenz-Poles. Die systematische Funktion des Begriffs „Reformpädagogik" besteht darin, die Polarität jeglicher pädagogischen Theorie und Praxis ins Bewußtsein zu rufen, weil erst „Reform" und „Erfahrung" zusammen den gesamten Horizont abzustecken vermögen.

# 3. Reformpädagogik – Binnenstrukturen

Zur Geschichte der Bildungspolitik in den zurückliegenden Jahrzehnten gehört, daß von Zeit zu Zeit immer mal wieder eine Rückbesinnung auf oder gar ein neuer Start in die Reformpädagogik gefordert wurde. Neue Lehrer, neue Lehrmethoden, neue Übergänge und Abschlüsse, neue Schulorganisationsformen und dergleichen brauche das Land. Wenn in der Vision des Neuen das Stichwort „Reform" oder „Reformpädagogik" fällt, wird damit implizit ausgesagt, daß diese Kennzeichnungen nicht nur auf einen zurückliegenden Zeitraum wie z.B. den zwischen 1900 und 1933 in Deutschland eingegrenzt bleiben darf. Vorausgesetzt wird, daß „Reformpädagogik" als ein unabgeschlossenes Kontinuum und eine permanente Herausforderung anzusehen ist. Das Problem der Thematisierung von „Reformpädagogik" heute scheint dabei nicht zu sein, inhaltlich konkrete Zielvorstellungen pädagogischer Reform vorzuschlagen.

Wohin die Reise gehen soll, was als gut oder schlecht anzusehen ist, gilt vielmehr in den entsprechenden Proklamationen als offenkundig. Das Problem ist dabei nur, daß sich die Reiseziele und auch die entsprechenden Wege dorthin zum Teil deutlich unterscheiden, ja sogar widersprechen. Mehr eingehen auf die einzelnen Entwicklungsphasen im Leben von Schülerinnen und Schülern, nach dem Profil der solchermaßen kind- oder jugendgerechten Schule suchen? Oder liegt der entscheidende Schritt nach vorn gerade in einer Besinnung „nach hinten" auf die Unverzichtbarkeit der primären Ausrichtung an elementaren Inhalten, die es zentral zu bestimmen und zu überprüfen gilt? Reform als Rolle rückwärts mit eingedrehter Vorwärtsschraube? Aber: ist dies überhaupt ein Gegensatz oder ist nicht gerade die „alte" Lernschule als Reformvision das Kindgemäße? Nicht doch! Oder doch? Maßstäbe bzw. das, was man dafür hält, scheint es jedenfalls genug zu geben, vielleicht sogar viel zu viele. Ja, Wirrnis und Frustration scheinen sich unvermeidlich einzustellen, wenn die Reformperspektiven nebeneinander gestellt werden. Ist es nun dieselbe Richtung, die Politikerin X und Bildungsexperte Y formulieren, oder nicht? War das, was die Landesregierung der schulischen Basis vor zwei Jahren als entscheidenden Schritt zur Verbesserung vorgegeben hat, nicht genau das Gegenteil von dem, was sie heute auf die Tagesordnung setzt?

Die Fragen mögen überspitzt sein, verweisen jedoch auf ein Grundlagenproblem im Umgang mit dem „Reform"-Motiv im pädagogischen Bereich. Zunächst ist schlicht von der bereits zuvor reflektierten Voraussetzung aus-

zugehen, daß die Nutzung des „Reform"-Motivs zur Kennzeichnung von
Pädagogik bildungspolitisch auf Dauer gestellt ist. Als Problem erweist sich
in diesem Kontext jedoch die Frage, ob es möglich ist, die Leitvorstellungen
in der Nutzung des „Reform"-Motivs zu sortieren. Es stellt sich die Frage
nach elementaren Unterscheidungen und Klassifikationen *innerhalb* der
Nutzung des „Reform"-Motivs. Es erscheint eine Aufklärung darüber sinnvoll und notwendig, wie Maßstäbe und Ziele pädagogischer Reform überhaupt zu verstehen sind, wie sie zustande kommen und welche Reichweite
sie beanspruchen können. Wenn diese Aspekte strukturiert werden könnten, wäre ein Baustein für die Ausnüchterung und Versachlichung entsprechender Diskussionsprozesse gewonnen. Und dies wäre wohl mindestens
ebenso wichtig wie eine mehr oder weniger plausible Durchsetzung bestimmter oder Hinzufügung weiterer Maßstäbe. Einen Versuch in diese
Richtung sollen die nachfolgenden Ausführungen darstellen, die sich in drei
Abschnitte gliedern, denen jeweils ein Leitsatz vorangestellt wird.

### 3.1 Kontextualität und Wahrheit

*Reform ist ein inhaltlich zunächst nicht qualifizierter Prozeß. Historisch läßt
sich feststellen, daß Maßstäbe pädagogischer Reform dem Wandel unterworfen
waren und sind. Systematisch gewendet, verweist dies auf die Variabilität des
normativen Kerns, der formal jeglicher Bestimmung von Reformpädagogik zugrunde liegt. In diesem Sinne ist festzuhalten, daß sich in diesem Kern immer
auch dessen eigene historische Bedingtheit und damit Begrenztheit spiegelt.*

Als sich zu Beginn des 20. Jahrhunderts Straßenbahnen ihren Weg durch
die Großstädte zu suchen begannen, war das Erschrecken groß. Das Tem-
po schien unfaßbar angesichts der bislang zumindest im innerstädtischen
Verkehr normsetzenden Geschwindigkeit einer Pferdekutsche. Die Angst
vor der übermenschlichen Beschleunigung des Alltags gesellte sich zu dem
Erstaunen über große Warenhäuser, über die Entwicklung der Kommuni-
kationstechniken und die Veränderungen auf dem Gebiet der Massenme-
dien. Wandel – Herausforderung des Individuums in seiner Wahrnehmung des Alltags und zugleich Gestaltungsdimension des Sozialen, des
Überindividuellen. Und inmitten des Wandels das scheinbar Überkontex-
tuelle eines Elternpaares oder zumindest einer Mutter in ersten symbol-
haften Gesprächsannäherungen an ihr vor kurzem geborenes Baby. Damit
verbunden, ausgesprochen oder unausgesprochen, reflektiert oder unbe-
wußt, der Blick in die Zukunft für diesen neuen Erdenbürger mit der Gewißheit, daß eine zentrale Aufgabe der nächsten Jahre in der Heranfüh-

rung an die Erwachsenenwelt bestehen wird. Diese Vorausahnung des Zukünftigen ist geprägt durch die schmerzhafte, weil von Ungewißheit durchsetzte Einsicht, daß alles in Bewegung ist, ja alles irgendwie anders sein und kommen könnte, als es die sorgfältigste Planung vorherzusagen vermag.

Der für die Eigenart des „Reform"-Denkens in der Moderne so kennzeichnende Aspekt seiner eigenen Unausweichlichkeit steht in enger Verbindung mit dem Verlust letzter Gewißheiten, mit dem Verlust von Gewißheiten im Sinne unumstößlicher Wahrheiten. Diese scheint es weder im überindividuellen Horizont der „Gesellschaft" noch in der individuellen Zukunftsschau für das Neugeborene (oder zumindest nicht in dem Maße) zu geben, wie dies in früheren Zeiten der Fall war. Wenn natürlich auch faktisch die Lebenswelt nicht aus einer völligen Ungewißheit besteht: alles erscheint doch unter dem Vorbehalt, hinterfragt und verändert werden zu können. Natürlich ist gerade unser Alltag aus anthropologischen und sozialen Gründen zwangsläufig von einem bestimmten Kanon an Selbstverständlichkeiten geprägt. Die radikale Hinterfragbarkeit ist (nur) eine Möglichkeit – aber: allein das Vorhandensein dieser Möglichkeit prägt nachhaltig die Wahrnehmung von Welt. Alles könnte zumindest anders sein – vielleicht sogar ganz anders. Rückzüge in die vermeintlichen Sicherheiten von Fundamentalismen, die Überzeitlichkeit beanspruchen, haben sich gerade im 20. Jahrhundert letzten Endes als brüchige Asyle auf Zeit herausgestellt. Das Tausendjährige Reich endete nach etwas mehr als einem Jahrzehnt, die Variante einer umzäunten und ummauerten Bevölkerung scheiterte von innen und von außen – Pluralismus mit all seinen erwünschten und unerwünschten Nebenwirkungen hat den längeren Atem. Diese Stichworte mögen den Hintergrund skizzieren, der für die Beschleunigung des allgemein vorhandenen Reformpols auf dem Gebiet von Erziehung und Bildung seit dem 16. Jahrhundert und in noch verschärfter Weise im 20. Jahrhundert maßgebend war.

Das „Reform"-Motiv hat in der Moderne im Gegensatz zu früheren Zeiten, in denen entsprechende Klärungsprozesse seltener, langsamer und grundlegender stattgefunden haben, eine veränderte Stellung erhalten. Es wäre jedoch eine verlustreiche Einengung des hermeneutischen Blicks, wenn die Verwendung der Beschreibungskategorie „Reform" auf die Zeit nach dem 15. oder 16. Jahrhundert begrenzt würde. Erziehung und Bildung früherer Zeiten können ebenfalls sinnvoll unter dieser Perspektive beschrieben werden. Dennoch ist nicht zu leugnen, daß das „Reform"-Motiv in der Moderne eine neue Qualität, eine veränderte Stellung im

Nachdenken über Erziehung und Bildung erhalten hat. Diese Stellung kann mit den Stichworten Dominanz, Dynamik und Ent-Elementarisierung beschrieben werden.

- Dominanz: die Debatte um Reform wird zum Regelfall und verliert den Status einer Ausnahmesituation,
- Dynamik: der zeitliche Abstand des Einbringens immer neuer Reformaspekte wird kürzer, die Abfolge wechselnder Themen zunehmend beschleunigt,
- Ent-Elementarisierung: immer mehr Themen und Teilaspekte können zu Leitperspektiven in Debatten um Erziehung und Bildung aufsteigen (und ebenso schnell wieder verschwinden). Damit geht einher, daß die Kontroversen zum Teil immer weniger auf grundlegende Alternativen (bzw. Aporien) Bezug nehmen und die Reform-Themen immer stärker medial-vermittelten Themenkonjunkturen mit absehbarem Verfallsdatum unterworfen werden.

Die neue Qualität des „Reform"-Motivs in der Moderne, seine neu gewonnene Dominanz, Dynamik und Ent-Elementarisierung wird im Rückblick im besonderen Maße deutlich. In vormodernen Gesellschaften war auf eine relative Dauer klar umrissen, was Erziehung leisten sollte und wie dies zu geschehen hatte. Dies galt formal mindestens in vierfacher Hinsicht:

- Erstens stand das Ziel der Erziehung mit der Eingliederung in vorfindliche Herkunftspositionen weitgehend fest.
- Zweitens standen die Techniken dieser Eingliederung aufgrund jahrelanger Bewährung in der Regel nicht grundsätzlich zur Diskussion.
- Drittens stand ein weitgehend feststehender und überschaubarer Kanon an zu tradierenden Stoffen – für die jeweilige Position – zur Verfügung.
- Viertens stand ein Sinnrahmen als Orientierung und Einordnung der einzelnen Handlungen für die weit überwiegende Mehrzahl der handelnden Personen außerhalb jeden Zweifels.

Dies Paradies des Gewohnheitsmäßigen – wenn es denn ein Paradies war, was für die Mehrheit der Bevölkerung vom antiken Athen bis zum mittelalterlichen Paris eher zweifelhaft erscheint – ist verloren. Dies gilt auch für die auf relative Dauer gestellte Unhinterfragbarkeit von Erziehungs- und Bildungszielen. Gewißheit gehört gerade in diesem Bereich der Vergangenheit an. Die Bestimmung von Erziehung und Bildung sowie die damit verbunden Reform-Debatten können sich – um eine Unterscheidung von Karl R. Popper aufzunehmen – heute nicht mehr an Gewißheit orientieren, sondern müssen sich auf die Suche nach Wahrheit einlassen. Es geht nicht mehr um die Einstimmung in einer vorgegebene und Absolutheit erheischende Gewißheit, sondern das Ringen um relative Wahrheit. Poppers Unterscheidung von Gewißheit und Wahrheit markiert einen wesentlichen Gesichtspunkt für das Verständnis der (Relativität heutiger) Reform-Debatten. Popper ging es mit dieser Unterscheidung um die Frage nach dem Autoritätsstatus menschlicher Erkenntnis. Der Anspruch auf Wahrheit kann und darf nicht aufgegeben werden – die Frage ist nur, was unter Wahrheit verstanden wird. Für die Bestimmung von „Wahrheit" ist nach Popper deren strikte Abgrenzung von „Gewißheit" maßgebend. Unter „Gewißheit" verstand er eine zeitlose, unveränderbare und damit auch unantastbare Erkenntnis, über die die Menschen fortwährend und jederzeit verfügen können. Diese überzeitliche Gewißheit ist verloren. Menschliches Erkenntnisstreben ist somit „nicht die Suche nach Gewißheit. Irren ist menschlich: Alle menschliche Erkenntnis ist fehlbar und daher ungewiß. Daraus folgt, daß wir Wahrheit und Gewißheit scharf unterscheiden müssen." (Popper 1989a, 12) Ewige, absolute und allen Menschen zugängliche sowie einleuchtende Gewißheit ist dem menschlichen Erkenntnisstreben entzogen. Was bleibt ist das Plausible, das Einsichtige, das Höchst-Wahrscheinliche – und dies heißt: Wahrheit. Kennzeichen menschlicher Erkenntnisfähigkeit und -möglichkeit ist und bleibt immer das Hypothetische.

Die Überprüfung der Programme und Techniken, die permanente Revision überzogener Hoffnungen und zu überwindender Resignationen gehört mit zum Geschäft des Nachdenkens über Erziehung und Bildung in der Moderne. Diese notwendige Suche nach „Wahrheit" ist ein weiterer Grund dafür, daß „Reform" ganz oben auf der Tagesordnung erscheint und zu einer nicht abschließend zu beantwortenden Fragestellung generiert. Überzeitliche und gelegentlich gar als „ewig" deklarierte Reformziele, die überdies von allen Gliedern einer Gesellschaft gleichermaßen geteilt würden, gibt es in der modernen Kommunikation über Erziehung und Bildung nicht mehr (Vgl. schon Nohl 1949a, neuer: Oelkers 2001). Es mag einen gemeinsamen Bezugsrahmen für gesellschaftlich normierte Alltagsgewohnheiten geben – der Streit und Ausgleich zwischen den divergierenden Interessenlagen ist aber unausweichlich. Es geht dementsprechend immer und immer wieder neu um die Suche nach tragfähigen Zielen und Maßstäben für Erziehung und Bildung. Worin diese Ziele und

Maßstäbe aber bestehen sollen, ist gerade nicht vorgegeben. Vielmehr gehört es zu den zentralen Gründen und Grundlagen der permanenten Reformdebatten, daß Ziele und Maßstäbe immer wieder neu ausgehandelt werden müssen. Daß die Reformdebatten selbst im inhaltlichen Sinne keinen Ausweg aus der Permanenz immer neuer Reformdebatten weisen können, zeigt sich an deren Geschichte, in der sich die Unausweichlichkeit entsprechender Diskussionen quasi verdoppelt hat. Ein Blick auf Ziele und Maßstäbe „der" Reformpädagogik um 1900 im Vergleich mit dem Spektrum heute gängiger Leitvorstellungen zu Erziehung und Bildung reicht hierfür aus. Um die Jahrhundertwende zählte beispielsweise die Vermittlung nationaler Gesinnungen zum Standardrepertoire und gelegentlich auch eine latent vormilitärische Erziehung zu den Elementen einzelner reformpädagogischer Programmatiken und Praktiken. Solche Konzeptionen mit all ihrer dazugehörigen nationalpatriotischen Emphase wird man jenseits aller Unterschiede im demokratischen Meinungsspektrum heute in der Regel als Außenseiterposition abwehrend zur Kenntnis nehmen.

Der Blick auf Ziele und Maßstäbe pädagogischer Reform verdeutlicht: Es hat sich etwas gewandelt. An dieser zunächst formalen Feststellung führt kein Weg vorbei. Sie ist quasi banal. Rückfragen ergeben sich im Blick auf Pädagogik jedoch in zweierlei Hinsicht. Zum einen: *Was hat sich eigentlich geändert?* Zum anderen: *Wieviel hat sich eigentlich geändert?*

*Was hat sich eigentlich geändert?*

Im Hintergrund dieser Frage steht das letztlich nur in weltanschaulichen Gesamtdeutungen auflösbare Problem, ob der Wandlungsprozeß der Geschichte vorrangig durch Veränderungen auf dem ökonomischen Gebiet oder durch politisch-gesellschaftliche Visionen vorangetrieben wurde. Dies bleibt für das vorliegende Thema letztlich sekundär. Denn unzweifelhaft scheint, daß die reformpädagogischen Diskussionen jeweils auf den Wandel reagieren und diesen verarbeitet haben und nur in Ausnahmesituationen (auf die Benner/Kemper ihre Deutung von reformpädagogischen Zeiträumen stützen) als Movens der Geschichte gedeutet werden können. Selbst diese Deutungen jedoch entbergen bei näherem Hinsehen, daß es andere, „überpädagogische" Gesichtspunkte z.B. einer auch ökonomisch motivierten Umakzentuierung im Verständnis gesellschaftlichen Lebens und speziell gesellschaftlicher Freiheit waren, von denen aus die Wirkung der Debatten um pädagogische Reform erst verständlich wird. Und das in diesen Zeiträumen als vermeintlich „neu" proklamierte Ideengut läßt sich – wie vor allem

Jürgen Oelkers für den Zusammenhang von „der" Reformpädagogik und den Debatten des 19. Jahrhunderts gezeigt hat – in vorausgegangen Zeiten identifizieren. Das Arrangement von Lehr- und Lernprozessen in Erziehung und Bildung richtet sich eher nach der Gesellschaft und deren Veränderungsprozessen, nicht umgekehrt. Das Projekt, Neue Menschen durch eine Neue Erziehung zu schaffen, stellte sich exemplarisch Mitte der 20er Jahre als Fehlform reformpädagogischer Hybris und als eine Fehlform der Ausrichtung am Ideal heraus. An der Einsicht in die Grenzen pädagogischer Reformvisionen wurde die Vorstellung von der (Meinungs)Führerschaft von Erziehung und Bildung gebrochen – bis hin zu scharfsinnigen Analysen wie denen von Siegfried Bernfeld, die geradezu als Ironisierung dieser Ansprüche gelesen werden können (Bernfeld 1925/1973). Das Nachdenken über Erziehung und Bildung findet – zumal unter dem Vorzeichen der Permanenz ihrer Reform(ierbarkeit) – nie in einem gesellschaftsfreien Raum statt. Dies Nachdenken und Erinnern an das Ideale wird vielmehr maßgeblich von gesellschaftlichen Rahmenbedingungen beeinflußt – dies gilt im Hinblick auf die Ziele und Maßstäbe ebenso wie auf die Stoffauswahl, die Präferenzen für bestimmte Techniken und nicht zuletzt im Hinblick auf das gesamte Sinngefüge pädagogischen Handelns. Dennoch kann andererseits nicht in Abrede gestellt werden, daß konstruktive pädagogische Reaktionen auf die Veränderungen in der Gesellschaft zwischen Schulreform und Sozialpädagogik diesem Wandel die eine oder andere Ausrichtung zu geben vermochten. Reform-Debatten als in dem System Pädagogik bereits allgemein angelegte Erinnerungsstrategie an Über-Empirisches sollten somit einerseits nicht in emphatischem Überschwang zu hoch bewertet werden, andererseits aber auch nicht der völligen Geringschätzung anheimfallen. Letztlich bleibt die Thematisierung von „Reform" unausweichlich. Die andere Frage lautet:

*Wieviel hat sich eigentlich geändert?*
Gewiß gibt es heute wie vor hunderten von Jahren Institutionen, die als „Schule" gekennzeichnet werden können, und ebenso gewiß wird in diesen Einrichtungen in irgendeiner Form Kindern und Jugendlichen wie eh und je etwas beigebracht. Und gegen ein vollständiges Aufgehen in einer überschwenglichen Reformemphase, die überhaupt keine Kontinuitäten in pädagogischen Prozessen sehen will, ist zu betonen: Schule-Halten damals und heute sind zweifelsohne vergleichbar. Aber: sie sind eben nicht mehr dasselbe. Dies gilt für viele Felder: Inhalte, Techniken, Organisationsbedingungen, Zugänglichkeit, Verpflichtung usw. Veränderungen in den Familien-

strukturen und vor allem eine Revolution der massenmedialen Kommuni-
kationsbedingungen mögen zwei der markantesten Aspekte sein, die den
Wandel der Rahmenbedingungen ausmachen. Einher geht mit den Modi-
fikationen der Erziehung mittels Schule-Halten eine Verlagerung der gesellschaftlichen Steuerung von Erziehung und Bildung insgesamt. Gertrud
Bäumer hat in ihrer Darstellung von „Sozialpädagogik" die Bedeutung des
außerschulischen Bereichs für die gesellschaftliche Ausgestaltung von Erzie-
hungs- und Bildungsangeboten als wesentlichen Reformaspekt dargestellt
(vgl. die erste Studie). Die pädagogische Strömung, die den Wandel der
Wahrnehmung von Erziehung und Bildung im 20. Jahrhundert geradezu
exemplarisch repräsentiert, wäre demnach die Sozialpädagogik. In diesem
Sinne hätte Hans Thiersch völlig recht, wenn er das 20. Jahrhundert als das
„sozialpädagogische Jahrhundert" (Thiersch 1992) kennzeichnet. Im Hinblick auf die gesellschaftliche Selbstreproduktion ist eine Vielfalt sozial-
pädagogischer (und erwachsenenbildnerischer) Integrationsstrategien – mit
unterschiedlichen Graden an Veränderungswillen und Veränderungspoten-
tial – neben die allen verordnete Staatsschulerziehung getreten. Es wäre in
diesem Zusammenhang auch zu überlegen, ob nicht sogar die Modifikatio-
nen, die der Erziehungs- und der Bildungsbegriff durch die Sozialpädagogik
erfahren haben, als „das" Kennzeichen von Reformpädagogik der letzten
Jahrzehnte gelten können. Erziehung und Bildung sind auf jeden Fall in
professioneller Hinsicht der exklusiven Verständigung zwischen Elternhaus
und Schule entzogen.

Die Kontinuitäten sollten nicht gering geachtet werden. Aber: neben die
Analyse eines Kontinuumkerns ist heute unwiderruflich die Thematisierung
des Wandels, also die Diskussion über den immer wieder neu zu leistenden
Start in die „Reformpädagogik" getreten. Brüchig geworden sind Zielformu-
lierungen der Erziehung und in deren Gefolge auch die Selbstverständlichkeiten bestimmter „klassischer" Lehrstoffe und konkreter Tradie-
rungs-Techniken. Ob dies beklagt werden soll oder angesichts des
Freiheitsgewinns der Individuen mit aufklärerischer Emphase zu begrüßen
ist – diese Frage ist letztlich sekundär. Es ist, wie es ist. Für den Umgang mit
der Permanenz der Reform-Debatten stellt sich die Frage, ob es möglich ist,
formale Zuordnungen konkreter Reformvorstellungen treffen zu können.
Neben die Systemperspektive, in der es um die Differenz von „Erfahrung"
und „Reform" (und deren erziehungsphilosophische Einbettung ging), tritt
somit die Binnenperspektive mit dem Klärungsbedarf, ob es innerhalb des
„Reform"-Motivs Elementardifferenzen gibt, anhand derer die verschiedenen Reform-Beiträge quasi sortiert werden können. Daß dies nur typolo-

gisch möglich ist und diese Unterscheidungen auf Varianten zielen, die in Reinform in der Wirklichkeit nicht anzutreffen sein werden, versteht sich von selbst. Bei dem Versuch, solche Binnenstrukturen zu formulieren, legt sich eine Differenzierung nahe, die Ebenen der Binnenstruktur erfaßt. Auf der ersten Ebene geht es um prinzipielle, von ihrer Zuordnung her letztlich kontextunabhängige Polaritäten, auf der zweiten Ebene werden die Umgangsweisen mit dem konkreten historischen Kontext zu unterscheiden sein.

## 3.2 Ziele und Wege

*Das Reform-Denken in der Pädagogik basiert – typologisch betrachtet – auf der Verschränkung zweier Polaritäten. Die Polaritäten bezeichnen Entscheidungsspektren, innerhalb derer Ziele und Wege der Reform bestimmt werden. Die eine Polarität ist die von Individuum und Gesellschaft und thematisiert die Zielsetzungen der Reform. Die andere Polarität ist die zwischen Person und Struktur und thematisiert die Wege der Reform. Die Kreuzung beider Polaritäten in einem Koordinatensystem dokumentiert das Gesamtspektrum reformpädagogischen Denkens und Handelns.*

Die „eine" Reformpädagogik – es gab sie weder gestern, noch gibt es sie heute. Es kann sie auch gar nicht geben, weil von der Binnenstruktur aus betrachtet zwei Polaritäten, die der möglichen Zielvorstellungen und die der möglichen Reformwege bzw. Reformtechniken, miteinander verschränkt sind und die konkreten Ausprägungen der Reform-Vorstellungen dementsprechend miteinander konkurrieren. Die Varianten einer Positionierung im Spektrum der Reformintentionen (zwischen Individuum und Gesellschaft) und der Reformtechniken (zwischen Person und Institution) sind überaus vielfältig.

Vorausgesetzt wird zunächst: der Reform-Gedanke zielt auf Verbesserung. Wo es nichts zu verbessern gibt, braucht auch nichts reformiert werden. Nur wenn ein Defizit diagnostiziert wird, macht es Sinn, sich zu Veränderungen, zu Reformen motiviert zu fühlen. An diese formale Feststellung schließen sich zwei Anschlußfragen an: *Wer oder was soll eigentlich verbessert werden?* und *Wie bzw. wodurch soll die entsprechende Reform inszeniert werden?*

*Wer oder was soll eigentlich verbessert werden?*
In den Reformbemühungen lassen sich typologisch zwei verschiedene Rahmenziele unterscheiden. Wenn es auch zwischen den beiden Zielperspektiven verschiedene Grade der Vermischung geben mag – letzten Endes muß an einem Punkt immer der Ausgang genommen werden und der andere

Aspekt zumindest in den Hintergrund gedrängt, wenn nicht vollständig ausgeblendet werden. Diese beiden Zielperspektiven sind das Individuum und die Gesellschaft – eine Polarität, die nun alles andere als neu oder modern ist. Letztlich kann die Gegenüberstellung einer Erziehung primär zur Einordnung in das überindividuelle Kollektiv der Gesellschaft oder (alternativ) zur Entfaltung der individuellen Persönlichkeit (als Grundlage der Sozialphilosophie) bis in die Antike zurückgeführt werden. Bilder hierfür liefert beispielsweise die Gegenüberstellung der Erziehungskulturen in Sparta und Athen. In beiden Kontexten ging es natürlich gleichermaßen um die Sozialwerdung des Individuums und um die Aufrechterhaltung und Weiterentwicklung der Sozialstruktur. Was jedoch konkret darunter zu verstehen sei, war umstritten. Die Differenz zwischen diesen beiden Erziehungskulturen ergibt sich aus der Klärung des primären Erziehungsziels und der damit verbundenen Gewichtung, ob das Individuum von der Gesellschaft her zu deuten ist oder umgekehrt die Gesellschaft von der Verständigung unter Individuen. Auch wenn die Kulturgeschichte Spartas insgesamt sehr differenzierte Wandlungsprozesse aufweist, steht doch dessen bei Xenophon oder auch Plutarch überliefertes Erziehungskonzept für den Vorrang der Gesellschaft, des Kollektivs und der Kollektivinteressen vor den Bedürfnissen und Möglichkeiten einer Entfaltung von Individualität. Und umgekehrt bieten in Athen wohl vor allem die Sophisten ein radikales Gegenbild, insofern in den ihnen zugeschriebenen Fragmenten eine primäre, ja ausschließliche Ausrichtung an Individualität sowohl in Fragen der Erkenntnistheorie als auch unter Gesichtspunkten der Ethik zu erkennen ist. Im Mittelpunkt der Erziehung und der damit verbundenen Konzepte möglicher Verbesserungen steht das Individuum, dessen Befähigung zur Sozialität vor allem in der Entfaltung der Persönlichkeit gesehen wird.

An der hier in historischer Hinsicht nur mit groben Strichen vorgenommenen Gegenüberstellung von Sparta und Athen wird ein Grundgegensatz, eine Polarität, für die Bestimmung von Erziehung und Bildung erkennbar, die beispielsweise um 1900 zu einer breiten Kontroverse um den Vorrang von Individualpädagogik oder Sozialpädagogik geführt hat. In diesem Zusammenhang wurde in mehreren Varianten für den Vorrang des Sozialen, des Gesellschaftlichen als Zielperspektive für Erziehung und Bildung plädiert. Im Anschluß an Platon und Kant wurde die sozialintegrative Funktion des Pädagogischen, allerdings im Hinblick auf einen ideal gedachten Staat, zur Geltung gebracht (Natorp 1898). Dabei wurde das Soziale sowohl als Mittel als auch als Ziel pädagogischen Handelns begründet. Daneben wurde vor allem von sozialistischer Seite soziale Erziehung mit der Veränderung der politischen Strukturen – auch im Bildungsbereich – verknüpft (Liebknecht 1968; Zetkin 1957). Im internationalen Zusammenhang wurde schließlich die faktische Dominanz des Sozialen als Ziel von Erziehung und Bildung hervorgehoben (Durkheim 1984) oder die soziale Bedeutung modellhafter Strukturen z.B. in pädagogischen Institutionen wie der Schule herausgearbeitet (Dewey 1949). Dagegen wurde jedoch gegenüber der einseitigen Betonung des Sozialen als Mittel und als Ziel der Erziehung weiterhin das Primat des Individuellen in Konzepten der Persönlichkeitsbildung zur Geltung gebracht (Willmann 1904). Diese Kontroverse wurde – natürlich – nicht entschieden, weil sie nicht entscheidbar ist. Das Pendel der herrschenden Meinung und der öffentlichen Diskussion bewegt sich notwendig zwischen den Polen und für den Beginn des 21. Jahrhunderts hat kaum ein Sachverhalt einen anachronistischeren Charme als die Behauptung, eine definitive Entscheidung oder gar Versöhnung zwischen beiden Polen sei möglich. Die Spannung bleibt und bildet einen wesentlichen Hintergrund dafür, daß das „Reform"-Motiv in einem systematischen Sinne in das Zentrum des Nachdenkens über Erziehung und Bildung gehört. Denn: diese Polarität ist (wie auch die folgende) keine historische Erscheinung, sondern ein systematischer Sachverhalt, an dem sich jede Bestimmung von Erziehung und Bildung abzuarbeiten hat (selbst wenn die entsprechenden Kontroversen in den öffentlichen Debatten von Zeit zu Zeit unter dem Mantel vermeintlicher Selbstverständlichkeiten und Einigkeiten zu diesem Thema verschwinden). Das Vorhandensein dieser Polarität führt zwei Konsequenzen mit sich: ihre prinzipielle Unentscheidbarkeit und damit verbunden bzw. daraus resultierend, nie zu einem Endzustand gelangen zu können, sondern immer wieder neu die Gewichtungen ausbalancieren zu müssen. Und noch einmal wiederholt: Dies ist ein systematischer, kein historisch-kontextbedingter Sachverhalt. Insofern hat das Nachdenken über das „Reform"-Motiv in der Pädagogik, über Reformpädagogik, sinnvollerweise systematisch und nicht mit dem Verweis auf historische Partikularerscheinungen zu beginnen.

Natürlich wird in der Wirklichkeit am ehesten ein wie auch immer geartetes Mischverhältnis beider Zielvorstellungen anzutreffen sein. Aber: was das Ziel von Reformbemühungen auf dem Gebiet der Erziehung und Bildung sein soll, muß zwischen den Anwälten der beiden Pole in hohem Grade umstritten bleiben. Die Triebfeder für das Nachdenken über Reform ist auf Dauer gestellt. Deswegen ist bei der Analyse von Reform-Programmen und Reform-Praktiken immer auch die Gewichtung innerhalb der skizzierten Polarität zwischen Individualität und Gesellschaft zu berücksichtigen. Will man die vorfindlichen Reform-Konzeptionen jedoch noch genauer aufschlüsseln, so bedarf es einer Verschränkung dieser Ziel-Polarität mit einer zweiten: den Antworten auf die Wie-Frage. Denn die Wie-Frage der durch Reform erstrebten Veränderung weist gleichfalls eine Polarität auf: die Polarität zwischen Person und Struktur.

*Wie bzw. wodurch soll die entsprechende Reform inszeniert werden?*
Reformen müssen gestaltet werden – doch woher sollen die Veränderungen kommen, wer oder was soll die intendierten Verbesserungen bringen? Bei der Frage, wie Reform-Programme und Reform-Praktiken von der Antike bis zur Gegenwart analysiert und klassifiziert werden können, trifft man neben der Polarität von Individuum und Gesellschaft auf der Zielebene auf eine zweite Polarität bei der Antwort auf die Frage, wodurch Reformen verwirklicht werden können und sollen. Grob gesprochen: die eine Seite erwartet die positiven Veränderungen durch Personen, die andere Seite durch Strukturen. Auch hier gilt es zu beachten, daß die Gegenüberstellung von Person und Struktur als Außenpunkte einer Polarität wiederum typologisch gemeint ist. In der Wirklichkeit wird in der Regel kein Pol verabsolutiert werden (können). Selbst bei starker Betonung des Aspekts „Person" wird in den Blick kommen, daß diese Personen sich in Strukturen bewegen und diese Strukturen das Handeln und Verhalten von Personen beeinflussen. Und umgekehrt: selbst bei starker Betonung des Aspekts „Struktur" ist zu berücksichtigen, daß Strukturen einerseits von Personen erst initiiert und etabliert wurden sowie andererseits in all ihrer Eigendynamik erst durch Personen mit Leben erfüllt werden. Dennoch: die Erwartungen, wodurch Verbesserungen auf dem Gebiet von Erziehung und Bildung erreicht werden können, haben in der Regel eine Neigung zu der einen oder der anderen Seite.

Der Blick auf die beiden Pole verdeutlicht die Alternative. Bei der einen Reformvorstellung steht der Gedanke im Zentrum, daß Veränderungen durch Personen herbeigeführt und von Personen durchgesetzt werden. Dies läßt sich – wie auch bei dem entgegengesetzten Pol der „Struktur" – am einfachsten am Geschehen in der Schule veranschaulichen. Die Vision aus diesem Blickwinkel lautet: Ein besserer Unterricht, ein besseres Schulklima, ein besseres Schulleben insgesamt wird durch ein besseres Handeln und Verhalten vor allem der in der Schule professionell tätigen Personen hervorgerufen. „Neue Lehrer braucht das Land" lautet eine (ein)gängige Parole aus dieser Richtung. Reformbemühungen haben sich deshalb vor allem direkt an die handelnden Personen zu richten: diese müssen besser ausgebildet, geschult, weitergebildet und (wenn der Horizont über die Feststellung vermeintlicher Defizite nebst abgeleiteten Forderungen hinausreicht) unterstützt werden.

Die Erwartung richtet sich auf eine Veränderung des Systems durch ein verändertes Handeln und Verhalten der sich in diesem System bewegenden Personen. Diese Position ist also unmittelbar mit dem erzieherischen Handeln von Individuen verbunden. Reform läuft über die Veränderung des Personals und beispielsweise dessen Methodenrepertoire und Kommunikationsfähigkeit. Die reformpädagogischen Strömungen zu Beginn des 20. Jahrhunderts weisen mit ihren Proklamationen der zentralen Bedeutung der Lehrer-„Persönlichkeit" auf diesen Pol hin. Das Spektrum der „Persönlichkeits"-Anwälte reichte vom Arbeitsunterricht bis zu den Landerziehungsheimen und gab schließlich auch einer ganzen Richtung mit dem Stichwort „Persönlichkeitspädagogik" ein eigenes Profil. Den vielleicht extremsten Fall der Erwartung einer positiven Veränderung von Schule über das Handeln von Personen repräsentierte die Vision einer dialektischen Aufhebung des Persönlichkeitskultes: die Abschaffung einer Leitfunktion von Persönlichkeiten in Vorläufern der Anti-Pädagogik (wie z.B. in den Hamburger Lebensgemeinschaftsschulen zumindest theoretisch praktiziert).

Wie stellt sich die Alternative, das Denken vom anderen Pol „Struktur" aus, dar? Hier wird die Reformvision keineswegs primär an personales Handeln gebunden. Die Formel könnte analog der Forderung nach „neuen" Lehrern etwa formuliert werden: „Neue Schulen bzw. neue strukturelle Bedingungen für die und in der Schule braucht das Land". Hier tritt der Gedanke in den Vordergrund, daß – beispielsweise durch Änderungen in der Schulorganisation – die strukturellen Bedingungen der Lernsteuerung in einem System auch den Charakter erzieherischen Handelns und Verhaltens maßgeblich verändern. Die Reformperspektive ist an das veränderte Arrangement von Strukturen geknüpft, von dem der entscheidende Beitrag zur Verbesserung der Verhältnisse auf dem Gebiet Bildung und Erziehung erwartet wird. In der zweiten Hälfte des 19. Jahrhunderts war es beispielsweise Friedrich-Wilhelm Dörpfeld, der mit seinen auf reformiert-theologischen Glaubensvorstellungen basierenden Entwürfen zur Schulorganisation eine an die Gestaltung von Strukturen gebundene Reformvorstellung für das Schulwesen entwickelt hat. Die Personen treten hinter der von Strukturen erwarteten Steuerung von Erziehung und Bildung zurück. Die spätestens seit Beginn des 20. Jahrhunderts virulenten Diskussionen um eine „Gesamtschule" und (als Teilaspekt damit verbunden) die Debatten um die Dauer einer für alle Kinder gemeinsamen Grundschule gehören zu den prominentesten Beispielen für die Vision, daß die Gestalt und Gestaltung einer Struktur letztlich als maßgeblich für die Steuerung von Lernprozessen in einem System wie dem der Schule anzusehen ist.

Daß es sich um eine Typologie handelt, deren Pole in der Wirklichkeit in Reinform selten oder gar nicht anzutreffen sind, zeigt sich gerade an zwei Beispielen der reformpädagogischen Strömungen um 1900. Bei diesen Beispielen stellt sich jeweils die Frage, ob in der Reformvorstellung der Aspekt der Person bzw. Persönlichkeit oder der der Struktur als entscheidend für die Reformkonzeption anzusehen ist. Nach 1898, dem Jahr der Gründung des ersten Heimes, war es beispielsweise Hermann Lietz mit seiner Konzeption der Landerziehungsheime, der zwar einerseits das hohe Ideal der Lehrerpersönlichkeit predigte, andererseits das Handeln dieser Persönlichkeit in ein in materialer und sozialer Hinsicht durchdachtes Strukturgefüge eingebettet sehen wollte. Insofern stellt sich bei diesem Reformkonzept für das Schulwesen ebenso wie beispielsweise für die bekannte Jena-Plan-Schulkonzeption von Peter Petersen die Frage, ob die Eigenheit der jeweiligen Vorstellung von Schulreform eher von dem Aspekt der Person oder von dem der Struktur her zu deuten ist. Dennoch: bei aller Verschränkung der beiden Aspekte – es bleibt eine Alternative, ob die Reformhoffnung und damit auch die Reformlast primär auf Personen oder auf Strukturen projiziert wird.

Blickt man auf das durch die Kreuzung beider Polaritäten entstehende Koordinatenkreuz, so lassen sich bestimmte Mutmaßungen über eventuelle Verflechtungen und Schwerpunkte anstellen. Zunächst: die Verhaltensmodifikation der Erziehenden als Weg der Reform kann prinzipiell sowohl mit der Intention individueller als auch mit der Intention gesellschaftlicher Verbesserung verbunden sein. Andererseits läßt sich auch der Weg über strukturelle Reformen problemlos mit beiden aufgezeigten Zielvarianten verbinden. Vermuten kann man allerdings gewisse Affinitäten. So wird die Reform über Änderungen bei Personen leichter mit der Intention der Stärkung von Individualität in Verbindung gebracht werden können. Andererseits wird wiederum die gesellschaftsreformerische Intention eher mit der Wegperspektive einer Änderung von Strukturen gekoppelt sein. Dies wäre an der Analyse von Reformprogrammen und Reformpraktiken zu überprüfen. Festzuhalten ist jedoch auch bei der Erläuterung dieser zweiten Polarität, daß es sich um einen systematischen und nicht um einen historischen Sachverhalt handelt. Die Frage nach den Wegen, nach den Trägern von „Reform"-Erwartungen ist in der Unausweichlichkeit des Nachdenkens über Reformen auf dem Gebiet von Erziehung und Bildung selbst begründet. Auch hier ist keine letztgültige Entscheidung für die eine oder andere Seite möglich, die Aufmerksamkeit wird sich stärker und manchmal fast ausschließlich entweder auf die Personen oder die Strukturen richten. Deswegen gehört auch diese Polarität mit zu den Aspekten, die für die Permanenz von Reform-Debatten verantwortlich sind.

Sowohl die Polarität „Individuum – Gesellschaft" als auch die Polarität „Person – Struktur" sind quasi zeitlos und auf die Analyse von allen historischen Kontexten anwendbar. Will man die Binnenstruktur des „Reform"-Motivs und dessen Funktion für das Verständnis von Erziehung und Bildung erfassen, so ist dieser kontextunabhängigen Verschränkung der Polaritäten abschließend eine Dimension hinzuzufügen, in der die kontextuelle Einbettung der konkreten, historisch-bedingten Reform-Programmatik oder Reform-Praxis zum Ausdruck kommt.

### 3.3 Re-Kontextualisierung

*Reformpädagogische Programmatiken und Praktiken sind in zweifacher Hinsicht in einen konkreten historischen Kontext eingebunden und aus diesem heraus zu verstehen. Zu unterscheiden sind bei der Kontexteinbindung von „Reformen" immer zwei Ebenen. Zu beachten ist zum einen ein gesellschaftlich definierter Gesamtrahmen, der die Grenzen des bei einer Reform Zulässigen absteckt. Zu unterscheiden und zu klassifizieren sind im Pluralität gewährleistenden Rahmen liberaler Demokratien zum anderen typische normativ-positionelle Orientierungen innerhalb dieses Gesamtrahmens. Diese Orientierungen verweisen auf den (Wett)Streit und die Vermittlung zwischen verschiedenen Weltanschauungen.*

Die Diskussionen auf dem Markt der pädagogischen Reformmöglichkeiten sind durch zwei Eigenheiten gekennzeichnet. Denn einerseits ist es keineswegs so, daß auf diesem Markt alles diskutiert werden könnte und überhaupt zur Diskussion stünde. Die Begrenzungen innerhalb dieses Orientierungsrahmens gibt vielmehr – juristisch betrachtet – die Verfassung der jeweiligen Gesellschaft vor. Dies ist keineswegs positivistisch gemeint, denn zweifelsohne kann man (zumindest in Demokratien in einem bestimmten Maße) auch diesen verfassungsmäßigen Orientierungsrahmen selbst in Frage stellen. Dennoch steht grundsätzlich fest: Das Auslegungsspektrum als solches ist zunächst vorgegeben und wird in der Regel auch nicht verlassen, denn der der liberalen Gesellschaft zugrundeliegende Pluralismus hat ein weites Herz. Einzig Konzeptionen die einen monopolistisch-totalitären Fundamentalismus zur Reformperspektive zu erheben trachten, werden in dieser Weite kritisch betrachtet und verfassungsmäßig überprüft bzw. eingegrenzt.

Andererseits ist zu berücksichtigen, daß die einzelnen Reformintentionen immer konkret an die diversen Interessengruppen in einer Gesellschaft angebunden sind. Diese normativ-positionellen Orientierungen, innerhalb derer die verschiedenen Reformtheorien und Reformpraktiken ausgebildet werden, spiegeln die verschiedenen, teilweise widerstreitenden, teilweise sich ergänzenden Interessenlagen in einer Gesellschaft wider. Zahlreiche Reformintentionen teilt die Pädagogik (notwendigerweise) mit anderen gesellschaftlichen Gruppen wie Politikern, Journalisten, Ärzten und nicht zuletzt dem sogenannten einfachen Menschen von der Straße. Und dies ist nicht im geringsten verwerflich, sondern dokumentiert vielmehr die Verflechtung gesellschaftlichen Interessenausgleichs mit erzieherischem Denken und Handeln. Die Diskussion um viele, ja wohl die meisten Maßstäbe pädagogischer Reformen findet heute auf dem massenmedialen Marktplatz politischer Mehrheitsinteressen statt, auf dem sich die Pädagogen mit anderen Menschen über die Ziele und die Wege streiten und schließlich nach Marktgesetzen und Mehrheitsverhältnissen verständigen. Ökonomische Interessen widerstreiten dort den diversen Idealen der verschiedenen politischen Parteien, während beide wiederum in Spannung zu religiösen oder sonstig weltanschaulichen Positionen treten. Die Diskussion um sogenannte „Schlüsselqualifikationen" ist ein plastisches Beispiel für entsprechende Vermittlungsbemühungen zwischen den diversen Interessenlagen. An dem Ausgleich der Interessen kommt keine konkrete Fragestellung des Reformprozesses vorbei. Diese prozeßhafte und unabgeschlossene Situation wird solange existieren, solange der gesellschaftliche Rahmen nicht totalitär, sondern liberal bestimmt bleibt. Die damit verbundene Ambivalenz der Moderne, auf letzte Gewißheiten verzichten und gleichzeitig auf permanente Findungsprozesse von Wahrheit angewiesen zu sein, ist unaufhebbar. Dies ist zu berücksichtigen bei dem Verständnis der Binnenstruktur des „Reform"-Motivs und dessen Funktion in den Debatten um Erziehung und Bildung. Drei Gesichtspunkte sind es, die diese Binnenstruktur auszeichnen: der Verzicht auf Gewißheit und die Suche nach Wahrheit, die Verschränkung der Polaritäten „Individuum – Gesellschaft" und „Person – Struktur" als kontextunabhängige Triebfedern für die Unausweichlichkeit und die Permanenz des „Reform"-Motivs und schließlich die Berücksichtigung gesellschaftlicher Rahmenbedingungen sowie des Ausgleichs positioneller Interessen als Rückbindung an einen konkreten historischen Kontext. Systembezug und Binnenstruktur des „Reform"-Motivs liefern die Grundlage dafür, die Destruktion von „Reformpädagogik" als Epochenkennzeichnung konstruktiv zu einer neuen Begriffsverwendung weiterzuentwickeln: um Reformpädagogik in der Vergangenheit identifizieren und in der Gegenwart auf die Zukunft hin analytisch-reflexiv thematisieren zu können.

# Literaturverzeichnis

*Bäumer, G.*: Die historischen und sozialen Voraussetzungen der Sozialpädagogik und die Entwicklung ihrer Theorie. In: Handbuch der Pädagogik. Hg. von Herman Nohl und Ludwig Pallat. Bd. 5 (1929), 3–26.

*Benner, D./Kemper, H.*: Theorie und Geschichte der Reformpädagogik. Teil 1. Die pädagogische Bewegung von der Aufklärung bis zum Neuhumanismus. Weinheim 2001.

*Benner, D./Kemper, H.*: Theorie und Geschichte der Reformpädagogik. Teil 2. Die pädagogische Bewegung von der Jahrhundertwende bis zum Ende der Weimarer Republik. Weinheim 2003.

*Berg, Ch./Herrmann, U.*: Industriegesellschaft und Kulturkrise. Ambivalenzen der Epoche des Zweiten Deutschen Kaiserreichs 1870–1918. In: Handbuch der deutschen Bildungsgeschichte. Bd. IV. 1870–1918. Von der Reichsgründung bis zum Ende des Ersten Weltkriegs. Hg. von Ch. Berg. München 1991, 1–56.

*Bernfeld, S.*: Sisyphos oder die Grenzen der Erziehung (1925). Frankfurt 1973.

*Blankertz, H.*: Die Geschichte der Pädagogik. Von der Aufklärung bis zur Gegenwart. Wetzlar 1982.

*Bloth, P.C.*: Die Bremer Reformpädagogik im Streit um den Religionsunterricht. Eine Studie zu Theologie und Methodik des Religionsunterrichts in der Volksschule des frühen 20. Jahrhunderts. Dortmund 1961.

*Böhm, W.*: Zur Einschätzung der reformpädagogischen Bewegung in der Erziehungswissenschaft der Gegenwart. In: Pädagogische Rundschau 28 (1974), 763–781.

*Dewey, J.*: Demokratie und Erziehung (1916). Braunschweig 1949[2].

*Dinkler, R.*: Der Begriff der Naturgemäßheit in den ersten Stadien seiner geschichtlichen Entwicklung, vornehmlich bei den Reformpädagogen des 16. und 17. Jahrhunderts. Königsee 1897.

*Durkheim, E.*: Erziehung, Moral und Gesellschaft. Vorlesung an der Sorbonne 1902/1903. Frankfurt 1984.

*Eberhard, O.*: Arbeitsschule, Religionsunterricht und Gemeinschaftserziehung. Ein Beitrag zur Tat- und Lebenserziehung. Berlin 1920.

*Eberhard, O.*: Welterziehungsbewegung. Kräfte und Gegenkräfte in der Völkerpädagogik. Berlin 1930.

*Eberhard, O.*: Evangelische Unterweisung und Reformpädagogik. Ein Beitrag zur Geschichte der Religionspädagogik seit der Jahrhundertwende. München 1961.

*Eggersdorfer, F.X.*: Moderne Reformpädagogik und christliche Erziehungsweisheit. Donauwörth 1910.

*Flitner, A.*: Reform der Erziehung. Impulse des 20. Jahrhunderts (1992). Erweiterte Neuausgabe. München 1999.

*Flitner, W.*: Die drei Phasen der Pädagogischen Reformbewegung und die gegenwärtige Lage (1928). Wiederabgedr. in: Ders.: Gesammelte Schriften. Bd. 4. Die pädagogische Bewegung. Hg. von U. Herrmann. Paderborn 1987, 232–242.

*Flitner, W.*: Die Reformpädagogik und ihre internationalen Beziehungen (1931). Wiederabgedr. in: Ders.: Gesammelte Schriften. Bd. 4. Die pädagogische Bewegung. Hg. von U. Herrmann. Paderborn 1987, 290–307.

*Flitner, W./Kudritzki, G.* (Hg.): Die Deutsche Reformpädagogik. 2 Bde. Düsseldorf 1961.

*Geissler, E.E.*: Herbart und die Reformpädagogik. In: Pädagogische Rundschau 37 (1983), 171–185.

*Hamm-Brücher, H./Edding, F.*: Reform der Reform. Ansätze zum bildungspolitischen Umdenken. Köln 1973.

*Helmchen, J.*: Die Internationalität der Reformpädagogik. Vom Schlagwort zur historisch-vergleichenden Forschung. Oldenburg 1987.

*Herrmann, U./Oelkers, J.* (Hg.): Französische Revolution und Pädagogik der Moderne. Aufklärung, Revolution und Menschenbildung im Übergang vom Ancien Régime zur bürgerlichen Gesellschaft. Weinheim 1989 (Zeitschrift für Pädagogik, 24. Beiheft).

*Herrmann, U.*: Pädagogisches Denken und Anfänge der Reformpädagogik. In: Handbuch der deutschen Bildungsgeschichte. Bd. IV. 1870–1918. Von der Reichsgründung bis zum Ende des Ersten Weltkriegs. Hg. von Ch. Berg. München 1991, 147–178.

*Hohendorf, G.*: Reformpädagogik und Arbeiterbewegung. Oldenburg 1989.

*Ipfling, H.-J.* (Hg.): Unterrichtsmethoden der Reformpädagogik. Anregungen für die Schule von heute. Bad Heilbrunn 1992.

*Kant, I.*: Über Pädagogik. Vorlesungen (1803). Ed. W. Weischedel. Bd. 10. Darmstadt 1983, 695–761.

*Key, E.*: Das Jahrhundert des Kindes (1900). Hg. v. Ulrich Herrmann. Weinheim 1992.

*Klemm, K./Rolff, H.-G./Tillmann, K.-J.*: Bildung für das Jahr 2000. Bilanz der Reform, Zukunft der Schule. Reinbek 1985.

*Knabe, K.*: Reformschulen. In: Encyclopädisches Handbuch der Pädagogik 2. Aufl. Bd. 7 (1908), 351–371.

*Koerrenz, R.*: Hermann Lietz. Grenzgänger zwischen Theologie und Pädagogik. Eine Biographie. Frankfurt a.M. 1989.

*Koerrenz, R.*: Hermann Lietz in Jena – Ein Beitrag zur schulpraktischen Grundlage der Landerziehungsheime. In: Schmutzer, E. (Hg.): Reformpädagogik in Jena. Peter Petersens Werk und andere reformpädagogische Bestrebungen damals und heute. Jena 1991, 215–218.

*Koerrenz, R.*: Landerziehungsheime in der Weimarer Republik. Alfred Andreesens Funktionsbestimmung der Hermann Lietz-Schulen im Kontext der Jahre von 1919 bis 1933. Frankfurt a.M. 1992.

*Koerrenz, R.*: Wilhelm Rein als Reformpädagoge. In: Jahrbuch für historische Bildungsforschung 1 (1993), 133–152.

*Koerrenz, R.*: „Reformpädagogik" als Systembegriff. In: Zeitschrift für Pädagogik 40 (1994), 549–564.

*Koerrenz, R.*: Das Reform-Motiv in der Pädagogik als Signatur der Moderne. In: Pädagogische Rundschau 49 (1995), 567–575.

*Koerrenz, R.*: Reformpädagogik. In: Theologische Realenzyklopädie Bd. 28 (1997), 423–432.

*Koerrenz, R.*: Herbarts Pädagogik vom Kinde aus. In: Klattenhoff, K. (Hg.): Zum aktuellen Erbe Herbarts. Ein Klassiker der Pädagogik nach der Jahrtausendwende. Oldenburg 2004, 217–226.

*Konrad, F.M.*: Von der „Zukunftspädagogik" und der „Reformpädagogischen Bewegung". Zur Konstitution einer Epoche in ihrer Zeit. In: Zeitschrift für Pädagogik 41 (1995), 803–825.

*Kunert, H.*: Deutsche Reformpädagogik und Faschismus. Hannover 1973.

*Lassahn, R.* (Hg.): Hermann Lietz. Schulreform durch Neugründung. Ausgewählte Pädagogische Schriften. Paderborn 1970.

*Liebknecht, W.*: Wissen ist Macht – Macht ist Wissen und andere bildungspolitisch-pädagogische Äußerungen. Berlin 1968.

*Litt, Th.*: Führen oder Wachsenlassen. Stuttgart 1927.

*Luhmann, N.*: Codierung und Programmierung. Bildung und Selektion im Erziehungssystem. In: Ders. Soziologische Aufklärung. Bd. 4. Opladen 1987, 182–201.

*Luhmann, N./Schorr, K.E.*: Strukturelle Bedingungen von Reformpädagogik. Soziologische Analysen zur Pädagogik der Moderne. In: Zeitschrift für Pädagogik 34 (1988), 463–480.

*Natorp, P.*: Sozialpädagogik. Theorie der Willenserziehung auf der Grundlage der Gemeinschaft. Stuttgart 1898.

*Nohl, H.*: Charakter und Schicksal. Eine pädagogische Menschenkunde. Frankfurt 1947³.

*Nohl, H.*: Die pädagogische Bewegung in Deutschland und ihre Theorie. Frankfurt 1949³ (= 1949a).

*Nohl, H.*: Die Einheit der Pädagogischen Bewegung (1926). In: Ders.: Pädagogik aus dreißig Jahren. Frankfurt 1949 (= 1949b).

*Oelkers, J.*: Die Reformpädagogik. In: Winkel, R. (Hg.): Pädagogische Epochen. Von der Antike bis zur Gegenwart. Düsseldorf 1987, 183–228.

*Oelkers, J.*: Seelenmorde in den Schulen. Zur Kontinuität von Schulkritik. In: Pädagogik 44 (1989), 9–11.

*Oelkers, J.*: Reformpädagogik. Eine kritische Dogmengeschichte (1989). Weinheim 1996³.

*Oelkers, J.*: Vollendung. Theologische Spuren im pädagogischen Denken. In: Zwischen Anfang und Ende. Fragen an die Pädagogik. Hg. von N. Luhmann/K.E. Schorr. Frankfurt 1990, 24–72.

*Oelkers, J.*: Theorie der Erziehung. Weinheim 2001.

*Oelkers, J.*: Reformpädagogik. In: Historisches Wörterbuch der Pädagogik. Hg. von D. Benner / J. Oelkers. Weinheim 2004, 783–806.

*Petersen, P.*: Allgemeine Erziehungswissenschaft. Berlin 1924.

*Petersen, P.*: Die Neueuropäische Erziehungsbewegung. Weimar 1926.

*Petersen, P.*: Der Jena-Plan einer freien allgemeinen Volksschule. Langensalza 1927.

*Petersen, P.*: Der Ursprung der Pädagogik. Berlin 1931.

*Petersen, P.*: Führungslehre des Unterrichts. Langensalza 1937.

*Petersen, P.*: Der Mensch in der Erziehungswirklichkeit. Mülheim 1954.

*Plake, K.*: Reformpädagogik. Wissenssoziologie eines Paradigmenwechsels. Münster 1991.

*Popper, K.*: Erkenntnis und Gestaltung der Wirklichkeit: Die Suche nach einer besseren Welt. In: Ders.: Auf der Suche nach einer besseren Welt. Vorträge und Aufsätze aus dreißig Jahren. München 1989⁴, 11–40 (= 1989a).

*Popper, K.*: Über Wissen und Nichtwissen. In: Ders.: Auf der Suche nach einer besseren Welt. Vorträge und Aufsätze aus dreißig Jahren. München 1989⁴, 41–54 (= 1989b).

*Prange, K.*: Bauformen des Unterrichts. Eine Didaktik für Lehrer. Bad Heilbrunn 1986².

*Prange, K.*: Lernen ohne Weltbild. Zur Funktion der Erziehung im Weltalter des Ausgleichs. In: Ders.: Pädagogische Erfahrung. Weinheim 1989, 203–226.

*Prange, K.*: Pädagogik im Leviathan. Ein Versuch über die Lehrbarkeit der Erziehung. Bad Heilbrunn 1991.

*Prange, K.*: Die Zeit der Schule. Bad Heilbrunn 1995.

*Reble, A.*: Reformpädagogik heute. In: Ipfling, H.-J. (Hg.): Unterrichtsmethoden der Reformpädagogik. Anregungen für die Schule von heute. Bad Heilbrunn 1992, 17–34.

*Rein, W.*: Am Ende der Schulreform? Betrachtungen. Langensalza 1893.

*Die Religion der Reformpädagogen.* Ein Arbeitsbuch. Hg. v. R. Koerrenz/ N. Collmar. Weinheim 1994.

*Röhrs, H.*: Die Reform des Erziehungswesens als internationale Aufgabe. Entwicklung und Zielstellung des Weltbundes für Erneuerung der Erziehung. Rheinstetten 1977.

*Röhrs, H.*: Die Reformpädagogik. Ursprung und Verlauf in Europa. Weinheim 1994[4] (= 1994a).

*Röhrs, H.*: Die Internationalität der Reformpädagogik und die Ansätze zu einer Welterziehungsbewegung. In: Ders./Lenhart, V. (Hg.): Die Reformpädagogik auf den Kontinenten. Ein Handbuch. Frankfurt 1994, 11–26 (= 1994b).

*Röhrs, H.* (Hg.): Die Reformpädagogik des Auslands. Stuttgart 1982[2].

*Röhrs, H./Lenhart, V.* (Hg.): Die Reformpädagogik auf den Kontinenten. Ein Handbuch. Frankfurt 1994.

*Röhrs, H./Lenhart, V.*: Vorwort. In: Dies. (Hg.): Die Reformpädagogik auf den Kontinenten. Ein Handbuch. Frankfurt 1994, 9–10.

*Rousseau, J.-J.*: Emile oder Über die Erziehung (1762). Hg. v. L. Schmidt. Paderborn 1971.

*Rude, A.*: Die Neue Schule und ihre Unterrichtslehre. Bd. 1. Die Neue Schule. Osterwieck 1927.

*Scheibe, W.*: Die Reformpädagogische Bewegung 1900–1932. Eine einführende Darstellung. Weinheim 1999[10].

*Scheibe, W.*: Die Bedeutung der Reformpädagogik für die Gegenwart. In: Adam, E. (Hg.): Die österreichische Reformpädagogik 1918–1938. Wien 1981, 17–32.

*Schmid, J.R.*: Freiheitspädagogik. Schulreform und Schulrevolution in Deutschland (1937). Reinbek 1973.

*Schonig, B.*: Irrationalismus als pädagogische Tradition. Die Darstellung der Reformpädagogik in der pädagogischen Geschichtsschreibung. Weinheim 1973.

*Schonig, B.*: Art. Reformpädagogik. In: Lenzen, D. (Hg.): Pädagogische Grundbegriffe. Bd. 2, Reinbek 1989, 1302–1310.

*Tenorth, H.-E.*: „Reformpädagogik" – erneuter Versuch, ein erstaunliches Phänomen zu verstehen. In: Zeitschrift für Pädagogik 40 (1994), 585–604.

*Thiersch, H.*: Das sozialpädagogische Jahrhundert. In: Ders.: Lebensweltorientierte Soziale Arbeit. Aufgaben der Praxis im sozialen Wandel. Weinheim 1992, 235–254.

*Ullrich, H.*: Die Reformpädagogik. Modernisierung der Erziehung oder Weg aus der Moderne? In: Zeitschrift für Pädagogik 36 (1990), 893–918.

*Willmann, O.*: Historische Pädagogik. In: Encyclopädisches Handbuch der Pädagogik, Bd. 3 (1897), 705–709.

*Willmann, O.*: Aus Hörsaal und Schulstube. Freiburg i.Br. 1904.

*Wünsche, K.*: Die Endlichkeit der pädagogischen Bewegung. In: Neue Sammlung 25 (1985), 433–449.

*Wolgast, E.*: Reform, Reformation. In: Geschichtliche Grundbegriffe. Historisches Lexikon zur politisch-sozialen Sprache in Deutschland. Bd. 5 (1984), 313–360.

*Zeidler, K.*: Die Wiederentdeckung der Grenze. Jena 1926.

*Zetkin, C.*: Über Jugenderziehung. Berlin 1957.

© IKS GmbH Jena 2004
Satz und Covergestaltung: Sabine Albrecht